写给爸爸妈妈的教育丛书

写给爸爸妈妈的教育故事

语　言

主　编　李麦浪　陈　锋

副主编　裴光华　吴雅玲　李伟玲

广东高等教育出版社
Guangdong Higher Education Press
·广州·

图书在版编目（CIP）数据

写给爸爸妈妈的教育故事．语言／李麦浪，陈锋主编．—广州：广东高等教育出版社，2018.1
（写给爸爸妈妈的教育丛书／郑福明，刘景容主编）
ISBN 978－7－5361－5742－2

Ⅰ．①写…　Ⅱ．①李…　②陈…　Ⅲ．①学前教育－家庭教育　②语言教学－学前教育－教学参考资料　Ⅳ．①G781 ②G613.2

中国版本图书馆CIP数据核字（2016）第229745号

XIEGEI BABA MAMA DE JIAOYU GUSHI
YUYAN
广东高等教育出版社出版发行
地址：广州市天河区林和西横路
邮编：510500　电话：（020）87553335
网址：www.gdgjs.com.cn
南方医科大学广州广卫印刷厂印刷
787毫米×1 092毫米　16开本　11.5印张　210千字
2018年1月第1版　2018年1月第1次印刷
定价：36.00元

总　　序

百年大计，教育为本。学前教育是国民教育的基础，关系着千万幼儿的终身发展。2010 年 11 月，国务院印发《关于当前发展学前教育的若干意见》，将发展学前教育摆在重要位置，立足解决“入园难、入园贵”问题，提出坚持公益性和普惠性，构建覆盖城乡、布局合理的学前教育公共服务体系，为适龄幼儿提供基本的、有质量的学前教育。经过 2011—2013 年第一期学前教育三年行动计划的实施，各地以多种形式扩大学前教育资源，学前教育学位大幅度增加，“入园难、入园贵”得到有效缓解。2014—2016 年，各地积极实施第二期学前教育三年行动计划，绘制公益、普惠、优质的学前教育发展蓝图，重在优化学前教育布局结构，提升学前教育质量水平。2012 年 10 月，教育部印发《3—6 岁儿童学习与发展指南》（以下简称《指南》），为提高学前教育质量提供政策指导，并于 2013 年部署一年一度的学前教育宣传月活动，意在利用多种形式加大《指南》宣传贯彻力度，促进学前教育优质发展。这一系列政策保障和指引，无疑是政府对发展学前教育重视的体现，学前教育科学发展的“春天”可谓正当时。

《指南》不局限于为教师提供专业引领，同时也为家长育儿提供科学指引，旨在“指导幼儿园和家庭实施科学的保育和教育，促进幼儿身心全面和谐发展”，“帮助幼儿园教师和家长了解 3—6 岁幼儿学习与发展的基本规律和特点，建立对幼儿发展的合理期望，实施科学的保育和教育，让幼儿度过快乐而有意义的童年”，为学前教育发展营造科学、宽松、和谐的社会环境。与《指南》同步发行的除了教师读本以外，还有专为家庭设计的家长宣传册，分门别类、简明扼要地为家长总结科学育儿的教育理念精华和适切的教育建议。这说明学前教育的重心正从单纯的幼儿园全权负责向家园合力共育的合理方向转变，家庭教育对学前幼儿健康成长的重要性得到高度关注。

《指南》颁布以来，全国各地对《指南》深入解读并积极组织培训，将《指南》所倡导的理念和教育指导建议落实到具体的幼儿保教过程中，取得了显著效果。然而，我们也发现，围绕《指南》的解读和培训主要是面向幼儿园教师，面向家长的培训力度和取得的成效相对薄弱。而作为“幼儿的第一任教师”，家长具有幼儿园教师所不可替代的作用。部分家长的“高期望，低管教”，不仅直接制约幼儿的健康发展，也间接影响到幼儿园的保教活动。许多幼儿园反映，幼儿园保教之所以不能充分地、科学地实施《指南》，主要是受到家长观念和需求的影响。鉴于家长的重要影响力，2012 年 2 月，教育部印发《关于建立中小学幼儿园家长委员会的指导意见》，提出“中小学生和幼儿园儿童健康成长是学校教育和家庭教育的共同目标”，家长委员会要充分参与到学校和幼儿园管理及教育工作中，做好家庭和学校、幼儿园共育的沟通工作。2015 年 10 月，教育部印发《关于加强家庭教育工作的指导意见》，指出了家庭教育在儿童终身教育和发展中所起的重要作用，分析了当前家庭教育中存在的认识不到位、水平不高、重知轻能等一系列问题，要求家长履行家庭教育责任，严格遵循儿童身心发展规律，更新教育观念，掌握科学的教育方法，为儿童提供合适的成长环境，科学育儿，提高家庭教育水平。确实，家庭是儿童教育环境的重要组成部分，家庭教育的优化是教育科学发展的重要环节，儿童的教育是家庭和学校的共同责任。在教育部这两份“指导意见”的指导下，2016年1月，广东省教育厅印发《关于进一步加强中小学幼儿园家长委员会建设的通知》，凸显家长委员会在中小学、幼儿园教育中的重要作用，进一步明晰学校或幼儿园、家长委员会及家长学校的关系，要求规范家长委员会建设，充分发挥家长委员会参与教育的积极作用，学校、幼儿园作为家长学校要对家庭开展科学家教知识宣传工作，形成效益最大化的家校、家园教育合力。

近几年，从国家到地方，各级政府及教育行政部门充分认识到对幼儿实施科学保教需要家园共同努力和通力配合，以各种途径宣传科学育儿的正确理念和方法，为此也制定各项政策以规范幼儿园和家庭教育行为，为提高学前教育质量和水平提供了较为健全的保障。为促进学前教育各项政策措施得到充分贯彻落实，特别是促进《指南》与家庭教育有效融合，广东省教育厅于2015年设立“学前儿童家庭贯彻《3—6岁儿童学习与发展指南》的家长工作策略研究”项目，由广东省教育研究院和华南师范大学组织的学前教育和家庭教育领域专家团队牵头，共同研究《指南》指导家庭教育的有效策略，帮助家庭实现科学育儿。以教育源于生活的原则，研究团队发动全省幼儿园和幼儿家长参与课题研究，征集真实的家庭教育案例，加以专家点评，编辑成“写给爸爸妈妈的教育丛书”，以助广大家长正确理解《指南》精神，提高家庭科学育儿水平。

本套丛书案例来源于真实的家庭教育故事，立于《指南》观念的科学分析，将晦涩的教育理论和概念化的教育方法生活化、趣味化、具体化，降低了家长解读和贯彻《指南》的难度。不难发现，本套丛书呈现出以下三个基本特征。

首先，素材源自家长。家长是儿童成长中的第一任教师，家长的育儿观念和方法影响儿童一生的发展。提升家长科学育儿水平，基于家长真实教育行为的分析最具说服力，也最能引起大部分家长的共鸣。基于这一认识，在广东省教育厅支持下，研究团队在全省各地幼儿园发动家长结合自己的育儿经历撰写教育故事，最终收集到 900 多个真实的家庭教育案例。依据代表性、典型性和科学性原则，研究团队对所收集的教育故事细致地加以分析和梳理，从中选取出 200 多个典型家教案例。在此基础上，从家园共育的角度出发，对应于幼儿园中健康、语言、科学、艺术、社会这五个领域的教育内容，研究团队对这些教育故事进行分类，按领域组织权威专家编写成丛书。丛书的每一个篇章均以征集的实际家庭教育故事为素材，这些故事生动、具体、形象，真实体现了家长在家庭教育过程中的经验、遇到的问题和困惑，也展现了家长的方法和感受。这些来自家长的“原汁原味”的故事，更能引起广大家长的共鸣，是平常生活中家庭教育较为普遍存在的案例，对于大部分家庭来说也更具有借鉴意义。

其次，分析源自专家。丛书所选取的家庭教育故事，客观上说，每一个故事都只能体现一个家庭的经验，但所有的故事都不同程度地反映出亲子互动过程中某一方面的本质，对其他家庭有一定借鉴意义。研究团队对每一个故事中家长的经验感受都进行了“故事分析”，力图从教育学、心理学和家庭学等多学科的角度，揭示其中所蕴含的教育原理、存在的教育误区等，以便更多的家长能看出其中的教育“门道”。丛书编撰专家为广东省学前教育、家庭教育领域知名专家，对学前教育的先进理念和实践、国内国际发展趋势及《指南》有透彻的理解和丰富的见解。他们的理论分析和点评紧密结合《指南》，深入浅出，能帮助更多的家长“知其然”，更“知其所以然”，进而树立正确的儿童观、发展观和教育观。这也是儿童家长提升素质和科学育儿的基础。

最后，感悟源自读者。每一位儿童都是独一无二的个体，每一位家长都有自己独到的理解和能力，每一个家庭都有自己独特的故事。任何一个家庭都不能简单复制或照搬其他家庭的经验和做法，但是，“他山之石，可以攻玉”，家庭教育有其自身规律，正如给幼儿多一次锻炼的机会，幼儿就会有多一点的发展一样，作为家长，多一分交流与学习，就会多一分成熟。为此，结合每一篇家庭教育故事及专家分析，丛书提出了与该故事主题相应的“教育建议”。这些“教育建议”，立足于幼儿学习“生活化”和“游戏化”的基本特点，列举了一些能够有效帮助和促进幼儿学习与发展的教育途径与方法，为遇到相似情况的家庭提供教育参考和借鉴。但是，没有一种方法能够穷尽所有，没有一条建议能适用所有的家庭，这需要家长根据对孩子的了解做出科学的判断和合理的选择。“知子莫若父”，只有父母才最了解自己的孩子，也只有朝夕相处的家庭成员才能最好地彼此了解。只有“适合的才是最好的”，这对于家庭教育也同样适用。因此，读者要结合自己的实际，通过“自我反思”，通过与其他家长和专业人士的进一步交流探讨，逐渐感悟出最适合自己的教育途径和方法。

“写给爸爸妈妈的教育丛书”是对《指南》的深刻解读，站在家庭尤其是父母的角度做深入的专业分析，是学前教育相关政策得以落地的有力保障。我们寄希望于本套丛书可以最大限度发挥指引功能，于家长有所裨益，轻松“消化”《指南》，营造同心协力、科学育儿的家园共育氛围。德国哲学家雅斯贝尔斯在《什么是教育》一书中写道：“教育的本质意味着一棵树摇动另一棵树，一朵云推动另一朵云，一个灵魂唤醒另一个灵魂。”我们希望这套丛书，能用一个家长的教育故事启迪另一个家长的教育智慧，用一个家长的教育故事促进另一个家长的教育反思，用一个家长的教育故事提升另一个家长的教育素养。通过全体家长的育儿专业成长，使幼儿受益、家庭和谐、民族兴旺。

于广东省教育研究院

2016 年 4 月 9 日

有效陪伴，同步成长
——献给爸爸妈妈们

父母将孩子带到这个世界上，都会希望孩子健康、快乐地成长。孩子成长过程中的每一步，都离不开父母的物质、时间和情感的投入。无论贫富，每一位父母都会给自己的孩子各种不同的礼物：或许是一件孩子期盼已久的小玩具，或许是一本精美有趣的图书，或许是一次烛光生日晚会，或许是一趟亲子外出旅行……然而，在所有的礼物中，陪伴却是父母给孩子最好的礼物。

陪伴就是花时间和孩子在一起。没有陪伴，就谈不上家庭教育。陪伴看似简单，但怎样才能有效地陪伴孩子？孩子需要怎样的陪伴？其中有很多值得父母们关注的学问。“写给爸爸妈妈的教育丛书”会给我们带来这样的一些启发。

陪伴：别让它成为孩子的奢望

孩子需要父母的陪伴，这看似理所当然的礼物，却有很多孩子得不到它。由于各种原因，许多孩子从童年开始，就没有得到他们所需要的父母陪伴。据统计，我国有 6 100 多万留守儿童，占全国儿童的 21.88%，其中有近 1 000 万儿童一年都见不到父母，有 1 500 多万留守儿童每年与父母联系的次数不超过 4 次。[①] 父母的陪伴成了这些留守儿

① 全国妇联课题组．全国农村留守儿童、城乡流动儿童状况研究报告［J］．中国妇运，2013（6）：30–34.

童生命中的奢望！

2016 年春节长假结束后的一则新闻，报道了一位母亲与儿子分离时的情景：40 多岁的植大姐不得不离开家乡返回工作岗位，但她 7 岁的孩子峰峰却十分舍不得妈妈离开。临别前，孩子一直拉着妈妈的手不放，嘴里哭喊着“你们不能这样对我”。新闻中，峰峰一直哭号着不肯让妈妈走的举动其实不难理解。对于孩子来说，父母给予的物质上的满足，远不如陪伴更重要。刚刚和父母亲近了几天，却又不得不眼看着父母将自己抛下，外出工作。看着别的孩子平时都有父母的关爱，而自己却只能一年到头盼望这短短的几天和父母团聚。

以上的情形并不只是发生在农村的留守儿童身上。无独有偶，在重庆工作的申先生今年 41 岁，女儿和妻子生活在成都。6 岁的女儿在“爸爸的成绩单”中，给了爸爸 60 分，其中在“生日不在”“玩手机”“演出没来看我”等项目上都打了“×”。[①] 许多城市中的孩子也常会困惑：“爸爸去哪了？”

以上两个悲情的故事，不仅是城乡家庭中父母陪伴缺失的缩影，无疑也折射出了孩子对父母陪伴的渴望。孩子缺乏陪伴的情形多种多样：有可能是父母生而不养、由祖辈或保姆代为抚养，也可能是父母因为工作忙碌而极少陪伴孩子，还可能是由于其他原因而过早将孩子送入寄宿制学校。

“世上只有妈妈好，没妈的孩子像根草，离开妈妈的怀抱，幸福哪里找。”这首耳熟能详的歌唱出了很多孩子的心声。大量的实证研究表明，缺乏父母的陪伴，较少得到关爱的幼儿，相对缺乏安全感，其语言能力和同伴交往能力较其他同龄的幼儿弱，长大后与父母的情感也较为淡漠。孩子在童年阶段最需要的是父母的陪伴。著名女作家杨沫的儿子老鬼（本名马波）在回忆母亲时说，从事革命事业的母亲对自己的几

① 催泪！6 岁女儿只给爸爸打 60 分　陪伴这考题你能及格吗［N/OL］. 临空都市报，2016-02-25. http://cq.cqnews.net/html/2016-02/25/content_36422381.htm.

个孩子都很少陪伴，致使孩子们的成长充满怨尤，生活平添坎坷。自己从小和母亲也缺乏感情，后来还成了一个“崇尚暴力的人”。因此，为了这份亲情，为了孩子的健康成长，无论多忙，父母都要多给孩子一些陪伴。有父母的地方，才是孩子的天堂。

有效陪伴：不仅仅是花时间和孩子在一起

有些父母意识到陪伴孩子的重要性，也会设法每天抽一些时间陪伴在孩子身边，但是孩子并未感觉到他们的存在，因为这些父母“身在曹营心在汉”。在进行家访时，笔者曾发现，在一个家庭中，4 岁的儿子在玩积木玩具，爸爸虽然在儿子身旁，却一直在心无旁骛地玩手机。对于儿子偶尔投过来的求助眼神或脸上表露出来的成功喜悦，爸爸完全无动于衷。这种陪伴并不是孩子需要的有效陪伴。

那么，怎样才是有效陪伴呢?

有效陪伴是对孩子的关注。陪伴不只是花时间陪在孩子身边。父母在陪伴孩子的过程中，要及时关注孩子的需要和状况。关注就是给予关心、注意和及时的积极回应。父母给孩子的一个眼神、一个微笑、一个手势、一句赞许、一声安慰、一个拥抱，这些都是回应。孩子有需要时，爸爸也可能马上回应：“我没空，找你妈妈去！”这是回应，但却是消极的回应。这种消极的回应只会给孩子带来沮丧的感受。当孩子有了父母的陪伴，能得到父母及时的关注和回应，他们心里就知道，如果遇到困难，父母会提供帮助；如果心中有一份喜悦，也能够和父母分享。这样，孩子内心就多了一份舒畅，增添了一份安全感。但是，我们也发现，有些父母会走向另一个极端，他们总是紧紧盯着孩子，生怕孩子遇到什么问题，而当孩子一遇到问题，他们就迫不及待地为孩子解决。这种过度关注，会使孩子产生一种依赖感。因此，有效陪伴不仅仅是关注，更不是简单地满足孩子的要求，它还有更深层次的内涵。

有效陪伴是给孩子思考的机会。每一个个体在成长的过程中，都与周围的人相互依存，同时，又都希望有自己独立的空间。孩子的成长也遵循同样的规律。孩子的快乐，来自父母的肯定和赞赏，更来自自己在探索过程中满足好奇的需要。在幼儿阶段，孩子总是有无穷无尽的“为什么”。有位妈妈给孩子讲《灰姑娘》的绘本故事，讲完之后，孩子问：“深夜12点钟，马车等都变回去了，为什么水晶鞋没有变回去呢？”这是妈妈也没有预想到的问题。但是，妈妈很高兴地表扬了孩子，并说：“对啊，如果水晶鞋也变回去了，那故事会是怎样的呢？”妈妈接着鼓励孩子改编这个故事。有效的陪伴不是在孩子提出问题时马上给予孩子答案，而是给予孩子更多的思考机会，让孩子在探索中得到自己所希望的快乐。一个快乐的孩子，是一个能自主的孩子，一个学会思考的孩子。

有效陪伴是对孩子的理解。孩子的世界与成人的世界有很大的差异，要有效地陪伴孩子，父母就需要学会蹲下来，从孩子的角度理解孩子的感受和想法。一对夫妇在春节前夕，兴高采烈地拉着5岁女儿的小手逛花市。在人群中刚走了一会儿，孩子便哀怨地向爸爸讨抱。妈妈责怪女儿说：“这么大了还要爸爸抱。”而当爸爸蹲下来准备抱孩子时，才发现原来孩子极目所见的并非琳琅满目的鲜花，而是一双双成人的大腿。爸爸愧疚地把女儿举起来，让她坐在自己的肩膀上。女儿终于满面笑容，因为她也像爸爸妈妈一样看到了美丽的鲜花。只有当父母站在孩子的角度时，才能理解孩子的所思所想，不至于在陪伴孩子的过程中错怪了孩子。当孩子看着雨停后的沙坑两眼发亮时，父母该想的是“我要孩子干干净净的”，还是“我要尊重孩子正在拥有对一样事情产生兴趣的快乐”？

陪伴：也是父母成长的过程

孩子在成长过程中不断地发生变化，不仅是身体长高了，随着孩子接触的事物和人越来越多，孩子的心理活动也日渐丰富起来。身为父母的我们会发现，孩子悄然地变得越来越能干。而随着孩子的长大，父母也会不断遇到新的育儿问题，原先的方法可能不再奏效。因此，父母要不断改进自己与孩子沟通、交流的方式和方法。正是在陪伴孩子的过程中，父母与孩子同步成长。

在陪伴中，我们更多地了解自己的孩子。人们只有在相互接触中，才能增进彼此的了解，亲子之间也不例外。也许，当和孩子一起外出旅行时，我们才发现原来孩子很会认路，有很强的空间思维能力；也许，在和孩子一起听完音乐会后，我们才发现孩子可以将听过一遍的乐曲哼唱出来，原来孩子身上还有我们未曾察觉的音乐天赋。在和孩子的交往中，孩子时常给我们带来很多惊喜，彼此有了更多的了解，亲子之间的感情也更加深厚。

在陪伴中，我们学会了更多地欣赏自己的孩子。我们时常觉得孩子弱小、幼稚甚至无能，因此，起初我们什么都为孩子做：喂孩子吃饭，为孩子穿衣，走出户外也总是紧紧拉着孩子的手。孩子想要自己做一件事情时，我们时常用质疑的语气问："你行不行啊？"但是，当孩子渐渐长大，有一天我们放手时，会发现孩子原来完全能够自己吃饭，虽然有时还会掉几颗饭粒在地板上；我们会发现孩子其实自己也能穿衣，只不过偶尔还需要帮助；甚至有一天，我们会发现孩子还能给我们端来一杯清茶……在陪伴孩子的过程中，我们知道原来孩子比我们想象的要能干，我们对孩子的能力也从怀疑变成了欣赏，我们增强了对孩子的信心，自己也收获了很多的快乐。

在陪伴中，我们学会了更好地自我控制。当我们和孩子在一起时，大手拉着小手，小手也拉着大手。我们感受到，自己的言行会影响到子女。而每一位负责任的父母，都希望成为孩子的榜样，成为孩子心目中的偶像。因此，我们可能因为孩子的一个眼神或一句提醒，逐渐摒弃一些陋习，或许是戒掉多年的烟瘾，或许是改掉说话时夹杂不文明用语的习惯，使我们的言行变得更加文明得体。

在陪伴中，我们意识到自己需要不断地学习。没有人天生就是优秀的父母，没有人对任何教育孩子的问题都能给出答案。每一个孩子都是独特的，每一个家庭都有自己的故事。随着孩子的不断成长，原先言听计从的“乖”孩子开始有了自己的独立意识，有了自己的想法，询问的问题越来越复杂，甚至开始和我们争辩。孩子在成长、在变化，我们也同样需要与时俱进，学习更多的知识，学习更多与子女沟通的方法。

爱孩子，有很多种方式，而陪伴是一种永不过时的爱。有陪伴，才谈得上家庭教育。把这份最珍贵的礼物送给您的孩子吧！每天抽出一小时陪伴孩子，听听他的心里话。和孩子沟通时，多一点轻松和幽默，多一点聆听和鼓励。请父母暂时放下自己的事情，用心去感受孩子的内心，关注并重视他的需要，直到产生心灵的共鸣。陪着他，就在当下，可以是共享一本好书、一部好电影、一顿美食、一个游戏…… 只有这样，当生活上的伤害或挫折发生时，孩子才能带着家人的鼓励和爱，更有信心去面对，更从容地接受挑战。只有陪伴与爱，才是孩子成长路上最强大的正能量。

“写给爸爸妈妈的教育丛书”荟萃了3—6岁年龄段幼儿的父母陪伴孩子共同成长的真实故事，其中既有父母的育儿困惑，也有对问题的思考和成功经验的分享，此外，还有不同领域的幼儿教育专家基于对这些教育故事的剖析而提出的具体的教育建议。我们希望，书中的教育故事能引起您的共鸣，也希望其中的教育智慧能给您启迪。我们希望能为3—6岁孩子的父母呈上一份家庭教育的礼物，共同为孩子的健康、快乐成长尽一份力。

丛书编者

2016年6月1日

目　录

如何帮助孩子成长为能说会道的阅读者

《3—6岁儿童学习与发展指南》(以下简称《指南》)的基本理念是：

每一个儿童都有学习与发展的权利——这是教师和家长最基本的认识；儿童教育的根本是尊重儿童期的价值与特点——这是教师和家长最应该守住的底线；儿童教育的灵魂是正确的教育观、价值观——这是教师和家长必须努力去构建的精神文化。

我们要理解《指南》语言领域的要点与精神，把握好听、说、读、写的要点，在实践中更好地引导孩子学习语言，促进其语言的发展。

一、把握好听、说、读、写的关系

语言学习是一个复杂的符号系统的学习。对语音的感知与听辨、对语义的认知与了解、对语法的理解与运用等，都需要儿童不断地积累各种语言经验，在与身边的人、事、物的交往中获得语音、语义、语法并进行实际运用。听、说、读、写是语言的几个关键技能，也是一个人的综合语言能力的重要基础。

听是一种辨别、理解他人话语的输入信息能力。例如：孩子听到“一只长耳朵的兔子在草地上吃青草”这句话，输入了什么信息？他通过名词“长耳朵”“兔子”“草地”“青草”等了解到这句话里有什么东西，通过量词“一只”了解到数量，通过动词“吃”了解到事件。

说是一种运用口语表达思想、输出信息的能力。例如：孩子看到一只兔子吃草的画面，就会用自己已经掌握的语句或词语把看到的情境说出来。年龄小的孩子可能会说："兔子，吃草。" 年龄大些的孩子可能会说："兔子，有长耳朵的，它在吃青草。"或"一只长耳朵的兔子在草地上吃青草。"

读是一种辨认、理解书面符号，把书面符号转换为有意义的信息输入的能力。例如：孩子在图书中看到一只兔子，他就会联想起自己曾经见过的小白兔或小黑兔，与自己已经掌握的 "小白兔"或"小黑兔"语词联结起来，这样信息就被输入孩子的大脑里了。当孩子看到的与其脑海中已有的认知相结合，他所看到的就成为有意义的信息。

写是一种运用书面符号表达思想、输出信息的能力。例如：孩子把在书上看到的小白兔或小黑兔，与自己已经掌握的 "小白兔"或"小黑兔"语词联结起来，把自己在脑海里联想到的"小白兔、小黑兔是好朋友"的情景用画笔画出来，或者用更多的书面方式表达出来。

孩子的听和读都是由外部的语音、语词、语句等语言或书面的图画、文字等符号刺激所引发的，属于理解性、吸收性的技能。孩子通过在语言活动中的听和读来获取大量的信息。孩子的说和写是在外部相关信息影响下，由自身大脑的思考、想法等内部语言引起的，属于表达性、应用性的技能。孩子通过在语言活动中组织自己的语言来反馈各种信息。

在语言活动中，听、说、读、写这四个方面是综合运用的，因应不同的情景，综合运用的方式也不同。听、说是孩子语言能力发展的基础，一切语言的学习都必须从听、说开始。因此，家长对 6 岁以下孩子的语言教育重点应该放在听、说能力的培养上。同时，通过文学作品的学习，在欣赏故事、儿歌及诗歌中使孩子得到语言的熏陶，在讲童话故事、念儿歌的过程中帮助孩子学习规范的语言；通过与孩子共读图书，借助看图说话或讲述，让孩子在学习中获取书面的信息。

二、把握好阅读内涵与视、听、说、玩的关系

我国的专家学者从不同的角度谈及孩子的早期阅读或图书阅读的内涵。

《中国大百科全书·教育卷》中写道："阅读是一种从印的或写的语言符号中获得意义的心理过程。"

华东师范大学周兢教授提出："早期阅读是幼儿学习书面语言的语言行为，包括一切与书面语言学习有关的内容"，"早期阅读应培养幼儿的自主阅读能力"。

北京师范大学刘焱教授认为："早期阅读的范围实际上是很广的。幼儿凭借色彩、图像和成人的言语，以及文字来理解以图为主的低幼读物的所有活动都是早期阅读。"

西北师范大学马以念教授指出："早期阅读是指学龄前儿童凭借变化着的色彩、图像和成人的形象描述来理解低幼读物内容的过程。"

北京师范大学出版社康长运认为早期阅读实际上就是图书的阅读："图画故事书的阅读过程就是一个与图画故事书沟通、对话、交流的过程，是调动自己的知识经验理解图画故事，并从中获得信息丰富自己体验的过程。"

香港资深语言教育工作者、儿童文学作家江李志豪认为："阅读除了识字以外，还要运用生活经验和已有的语言知识去思考与推测，以印证自己的假想。幼儿的阅读其实主要是一个推理和猜测的过程。"

台湾阅读协会第一届理事长张杏如也提出："早期阅读是通过各式各样的阅读经验，来培养幼儿阅读能力、兴趣、习惯的过程。"

由于受发展的特殊性及其认识水平的限制，孩子对文字并不熟悉。他们还需要多感官、多通道的参与，在边看、边听、边操作和活动的过程中去了解图书内容，理解其中的意义。因此，家长应理解好阅读中"视与听""读与玩"的关系。

视与听相结合是指在孩子图书阅读指导的过程中，帮助孩子一边用眼睛看书、一边用耳朵听讲读，视与听相结合地去理解读物内容和意义。因此，以视听为主的图书阅读活动是非常重要的，视听相结合的阅读指导对孩子来说，更具有现实的意义。

读与玩相辅相成是指在孩子图书阅读指导的过程中，应以游戏的方式，结合孩子的实际，利用辅助性学（玩）具，让他们边玩边读书，把阅读变成像玩乐一样的事情；把“读到”的东西“玩出来”，在玩的过程中理解所读的内容。

三、把握好书面表达中“一种与一百种”语言的关系

在家庭的语言教育实践中，往往会出现一些不尽如人意的现象。如早期阅读只是识字教育，图书成为识字的教材；语言教育的弱化，只强调让孩子自然习得语言，而不注意语言的规范与发展质量问题；缺乏各种表达的机会，经典诵读占据了孩子大量的语言学习时间……

然而，早期阅读并不等同于识字，书面的表达并不只限于文字的表达，对于孩子来说，非文字的表达或许更有意义。

就图书阅读来说，从心理学的角度看，在孩子与图书交往的过程中，有着一种需要和满足的关系。孩子的某种需要，在一本图书中以一定的方式得到了满足，那么这本图书自身的价值就在满足孩子需要的同时体现出来了。这种建立在孩子与图书之间的互动关系，就是孩子图书阅读的价值。

家长可利用各种有趣的、可活动的、立体的图书和辅助性玩具来吸引孩子，让他们一边看书一边操作可活动的画面；提供与图书有关的头饰、道具，和孩子一起扮演图书里的角色，把故事的情节表演出来；鼓励孩子把自己听到的故事，用绘画、剪贴等多种手段表现出来……这些做法更有利于孩子对图书内容的理解，在表达中学习，在表达中发展。

而当孩子能把自己所看到的事物用图画、剪贴、文字等更多的手段表现出来时，他们在边玩边读的过程中，自然而然地得到一种快乐的情绪体验，“表达”变成了图书和孩子阅读活动之间的沟通纽带。

多种表达方式下的阅读学习，正是孩子所需要的学习。在这多元化的表达与学习过程中，孩子逐步形成语言方面的学习倾向与态度、学习行为与习惯、学习方法与活动方式等学习品质。

第一章

倾听习惯的养成

倾听能力是指一个人理解别人口语表达的信息并能在自己的脑中转换成意义的能力。善于倾听别人的话语，是一个人不可缺少的能力和修养。

倾听的重要条件是有意注意。有些孩子倾听的时候目光没有注视说话的人，让人觉得心不在焉；或者总是不听人把话说完就发表自己的评论，结果不能很好地理解别人说的意思，或交谈不下去，沟通出现障碍，更有甚者，会产生误会而导致不愉快的事情……因此，培养孩子的倾听习惯与倾听能力需要从小开始。

让孩子学习倾听与沟通，逐步成为一个善于倾听的人，是有效语言学习的第一步。

有人说："为什么人只有一张嘴巴，却有两只耳朵？成功沟通的秘诀：能言善道不如洗耳恭听！"善于倾听的孩子能够在社会交往中游刃有余、得心应手。《3–6 岁儿童学习与发展指南》在语言领域中提出不同年龄段的典型表现：从 3~4 岁的"会倾听"到 4~5 岁的"听明白"，再到 5~6 岁的"理解"和"沟通"等。留意孩子在倾听方面的发展，确定孩子可以加强学习的方面，培养孩子能积极主动地听别人说话，尊重别人等正确的倾听习惯与态度。

父母是孩子的榜样。父母的倾听习惯直接影响孩子。父母认真倾听孩子说话，让孩子感到被尊重、被理解和被接纳，满足孩子自我表达及与他人沟通的需要，是十分重要的。孩子的倾听习惯是在家庭生活中潜移默化、慢慢积累养成的。父母应注意自己的倾听行为，做好表率作用。

高质量的倾听能改善孩子的人际关系。和谐的亲子关系、同伴关系和师幼关系都建立在良好的沟通基础上。因此，帮助孩子学会倾听，可以让孩子和我们更加靠近。

别急，听听孩子怎么说

——为什么成为孩子的倾听者很重要

故事分享

很多年前，我曾经在一次体验式培训中听讲师说起一个故事。一对在大学任教的夫妇，和自己才4岁大的女儿一起吃饭。孩子在吃饭的时候，不太坐得住；跳来跑去，不小心把碗给打碎了。女孩在碗摔到地上时一愣，随即“咯咯”地笑起来。年轻的夫妇微笑地看着孩子，问：“孩子，你为什么笑呢？”女孩说：“因为碗摔到地上的声音很好听。”讲师借这个故事提醒我们在培训中要像小女孩那样，保持开放的心态，用发现的眼光看待事物。我固然为女孩看问题的角度和成年人截然不同而惊叹，但更让我惊叹的是小女孩的父母。因为我也见过小孩子打碎碗的情形，一般大人的反应非打即骂，接着便是孩子的哭声响起。而小女孩的父母却能在孩子摔碎碗这个“破坏性”事件中表现得如此平静，耐心地倾听孩子的感受，让孩子有机会展露她独特的视角。这样长大的孩子，想必天分不致被埋没，内心必定也温暖而快乐吧。当时我就想，以后我要是有了孩子，也要像他们那样养育孩子。

2009年，我的宝贝女儿出生了。带着为人母的巨大幸福和喜悦，我精心照料着孩子。然而一边要照顾着孩子，一边要忙着工作，还要料理家务事，不可谓不辛苦。在忙碌的生活中，一转眼，女儿3岁多了。一天晚上，我从厨房里走出来，看见女儿把一条大浴巾铺在地板上，自己踩在上面跳来跳去。这条浴巾可是我今天刚洗好晾干的，她竟然……我又急又气，就要呵斥女儿。她却一脸兴奋地对我说：“妈妈，你看，我正在云朵上面跳舞呢！”看着她兴奋得发红的小脸，我一愣，脑袋里“轰”

的一下，再也呵斥不出来。在那一刻，我清晰地想起自己当初发下的“宏愿”，是什么时候把这么重要的事给忘了？我按捺住内心的震动，坐下来欣赏女儿跳舞。她一会儿跳跃，一会儿转圈，一会儿躺到大浴巾上打滚。那一脸陶醉的样子，仿佛自己真的置身云朵之上，在美丽的天空中自由挥洒。跳了好一会儿，女儿才停下来，爬到我怀里。孩子的爸爸走出来，看见地上的浴巾，就要教训女儿。我制止他，他还气恼地说；“你就惯着她吧！”我让女儿把弄脏的浴巾放进洗衣机。等她睡着后，我跟孩子爸说起事情的前因后果。孩子的爸爸沉默了好一会儿，说：“这事是我太急躁了。”其实，何止是孩子爸急躁呢，要不是女儿及时表达了自己，今晚她只怕免不了我一顿训斥，她的“云端之舞”只怕也跳不成了。

几年来，我一直以为，对于女儿的教育，我做得已经足够耐心，也给了她足够表达自己的空间。然而当看见女儿在浴巾上跳舞，把刚洗干净的浴巾弄脏，我却表现得那样气急败坏。不知道之前还有多少这样的事件被我鲁莽又粗暴地打断了。我越想越自责，决心调整自己的育儿心态，决定以后遇到孩子表现跟我的意愿相悖的时候，一定不要急，先听听孩子怎么说。坚持了一段时间，我发现很多时候女儿看着淘气，事实上她在进行着极富想象力的事情。比如有一次，我带她出去散步。回家的路上，她在一个地方来来回回地跑，乐此不疲。我叫了半天她也不肯走。我问她：“宝贝，你在做什么呢？”她乐呵呵地说：“妈妈，我在跟月亮捉迷藏呢。”我走到她的位置一看，原来不远处有一幢房子，月亮刚好在房子上方。她往前跑去追月亮，月亮就看不见了，她装作生气往后走，月亮又出来了。对她来说，月亮在跟她捉迷藏呢。看着她充满稚趣的举动，我不忍再打断她。

也许女儿的所行所思并非意味着她具有什么潜力。然而这不重要，作为她的母亲，我只想更多地去理解她，尊重她的所思所想，至少做到不去破坏她心里那美好的想法。

一个破碎的碗，一条弄脏的浴巾，在我们成年人的眼里，可能是孩子做了坏事的“证据”。然而，在孩子纯净而美好的心灵里，它们却可能是动听的音乐、美丽的云朵。孩子根本没有要故意做坏事的概念。如果我们急着批评教育孩子，孩子那独特的视角、极富想象力的想法，就会被粗暴地破坏。因此，当遇到孩子的“破坏性”事件时，别急，听听孩子怎么说。

故事分析

在这个故事中，孩子打破碗只是“因为碗摔到地上的声音很好听”，在浴巾上舞蹈为的是“在云朵上面跳舞”，在路上来回跑是“在跟月亮捉迷藏”。对于这三个事例，如果父母没有耐心倾听孩子的真实想法，就无法进入和读懂孩子的世界，就会把这些行为当作是破坏性的行为，加以批评和制止，“孩子那独特的视角、极富想象力的想法，就会被粗暴地破坏”。

父母的耐心倾听，能够有效地消除亲子之间的矛盾，缓解亲子之间的紧张关系。有的父母总觉得，孩子越来越大，与父母的沟通却越来越少。这时父母需要反省，自己在倾听孩子说话的时候是否保持了轻松自如、融洽和谐的状态。对于孩子来讲，倾听也是一种鼓励和欣赏。很多时候，孩子的倾诉是出于“希望有个人安慰我一下”的想法。如果父母能够耐心倾听，与孩子产生情感上的共鸣，给予肯定孩子的感受，再进行适当、有效的引导，那么孩子的心中就会认可父母是“容易沟通的人”，从而乐意与父母分享话题。

给爸爸妈妈的教育建议

耐心的倾听有时比说话更重要。父母应在与孩子的交谈中做一个耐心的倾听者。

1. 对孩子的讲话表示称赞 父母在孩子说话时称赞得越多，孩子越能打开心扉，表达自己的所思所想，沟通的氛围也会越和谐、自然。相反，父母在对话中流露出厌烦和消极情绪，会引起孩子的戒备，不愿意继续话题，同时对父母产生不信任感，觉得无法和父母沟通。

2. 视线和表情配合恰到好处 父母在倾听孩子说话时，可以将视线聚集在孩子的身上，看着孩子的眼睛或者孩子身体的某一处，以表示关注。切忌厌烦地随意说："去去去，我正忙着呢！"孩子说话时会关注父母的表情，如果父母保持微笑，孩子就有信心和父母交谈下去，并保持心情舒畅。当父母提出建议时，孩子也会愉悦地接受。

3. 交流中坚持多听少说 父母是孩子倾听习惯养成的榜样，在沟通中要注意多听少说。当孩子在陌生人面前表述不清、词不达意时，如果父母忙于替孩子解释、补充或重复，就会使孩子失去纠正的机会，孩子说话的自信心受到打击。慢慢地，孩子会对自己的讲述信心不足，不愿交流，出现交往中的言语障碍，程度严重的孩子甚至会出现选择性缄默症。孩子多说可以使讲述能力、归纳能力、分析能力得到综合提升。

自我反思

1. 你会经常粗暴地打断孩子的说话，急于让孩子接受自己的观点吗？

2. 你经常用欣赏、接纳的心态倾听孩子的讲述吗？

3. 你的耐心倾听对养成孩子良好的倾听习惯起了什么作用？

4. 你有哪些耐心倾听的方法？

用爱编写故事
——如何让孩子学会倾听

故事分享

女儿上小小班了，睡前总爱让我讲故事。虽然我小时候听的故事不少，但是现在一天讲一个故事还是有难度的。于是我经常利用业余时间看各类儿童故事书，希望给女儿讲最动听的故事，但是每次选择的故事不是太深就是太浅，女儿不是兴趣不大就是听不懂。

有一天晚上，女儿照常让我给她讲故事。我灵机一动，白天和她一起参加幼儿园组织的登山亲子活动时，我们看到有小朋友乱扔垃圾，何不自编一个故事来教育她呢？于是，我现编起故事来：从前，有只小白兔和妈妈一起到公园玩。妈妈去买票，小白兔自己先去看动物。当看到孔雀开屏时，小白兔有点饿，于是拿出饼干，撕开包装袋就吃，吃完把包装袋随手丢在地上。孔雀很生气，马上收起尾巴，不开屏给小白兔看。小白兔又跑去看小猴子表演。这次，小白兔拿出香蕉吃，继续乱扔。小猴子批评小白兔："你这样乱扔是不对的，垃圾要扔进垃圾桶里。"小白兔不理，一转头看到兔妈妈，拔腿就跑过去，一不小心脚下一滑，重重地摔了一跤。小白兔疼得哇哇大哭起来。兔妈妈说："孩子，你刚才乱扔垃圾是不对的！你看，你踩到自己扔的香蕉皮了。以后在公共场所千万不能乱扔垃圾了。你要改正错误。"小白兔红着脸说："妈妈，我错了！下次一定不乱扔垃圾。"小白兔还向孔雀、小猴子认错。孔雀和小猴子原谅了它，对小白兔说："知错就改，是个好孩子！"那天晚上，女儿听得特别入神，还跟我说："妈妈，今天有小朋友乱扔垃圾，不对！"

这件事给了我很大的感触：原来多昂贵的故事书都不如自己编的故

事来得合适。从那天起，我开始试着将教育的主题和每天的小事结合起来编出属于女儿的睡前小故事，并坚持一个一个记下来。相信女儿长大后会喜欢我这本用爱编写的故事书。

故事分析

讲故事是指成人以口语的形式，加上适当的表情、动作，把图书里的故事内容讲给孩子听。讲故事是一个古老而传统的教育方法，早在文字还没有出现之前，我们的祖先就以口头说故事的方式，把思想、文化与情感等传递给下一代。现在，讲故事仍是我们对孩子进行文学教育的主要形式之一，也是有效的方法。故事能使孩子心情愉悦、快乐，舒缓情绪，树立高尚的情操。例如，《丑小鸭》里被排斥而到处流浪的“小鸭子”的故事，能使一些暂时未被别人接受的孩子找到心灵上的安慰；《渔夫和金鱼》让孩子明白，善良的人会有好报，不要做一个贪得无厌的人；《卖火柴的女孩》能唤起孩子善良的天性与同情心；《木偶奇遇记》让孩子知道如何与别人相处，知道要诚实、助人为乐。

故事里的妈妈根据孩子的日常小事自编的故事，更加贴近孩子的生活，能让孩子有代入感，因此女儿不但能听懂、“听得特别入神”，还能理解其中的教育主题。

给爸爸妈妈的教育建议

父母在自编故事时，需要关注孩子的年龄和倾听的特点。故事以孩子所熟悉的动物、人物为主要角色；多用短句；句子结构要简单、重复；语速要慢；对话使用重复的语句。在孩子听得不清楚或不明白的时候，可以停顿下来，让孩子提问，或者提出问题让孩子回答。例如“小白兔乱扔香蕉皮，被批评后拔腿就跑，你想想会发生什么事呢？”孩子通常会有自己的猜测和联想，也可以让他来创编故事的结局。父母自编故事时可以适当加入更丰富的词语，让孩子多接触文学作品，提升文学素养。

自我反思

1. 你常用故事来教育和引导孩子吗？

____

____

____

2. 自编故事可以更加贴近生活和孩子的兴趣吗？

____

____

____

3. 孩子在倾听故事时会更容易接受其中的道理吗？

____

____

____

多话的乌龟

——如何帮助孩子成为积极的倾听者

故事分享

中班下学期，沛沛的带班老师给我发了一条信息，说沛沛最近在幼儿园表现一般，有点不认真，上课喜欢讲闲话。我一看急了，沛沛一向乖巧听话，怎么上课会讲闲话呢？该怎么教育他，既要让他知道这样做是不对的，又不能太伤他的自尊呢？

思来想去，晚上，我给他讲了一个故事《多话的乌龟》。故事讲述了一只很喜欢说话的乌龟，总是不分场合说个不停，森林里的小动物们都不喜欢它。后来，森林里来了两只会飞的野鸭。乌龟央求野鸭带它离开森林。野鸭说："你又不会飞，怎么带你离开呢？"乌龟想了一个办法，它找来一根树枝，自己咬住树枝的中间，让两只野鸭叼着树枝的两端飞上了天空。天空中来了两只小海鸥，笑话乌龟怎么也飞上了天。乌龟听到嘲笑声，忍不住大声喊道："走开！"结果乌龟从天上掉下去，摔死了。

讲完故事，我试探着问沛沛："你知道为什么动物们不喜欢乌龟吗？乌龟为什么最后摔死了呢？" 沛沛想了想说："乌龟老是叽叽喳喳地说话，那么吵，小动物们肯定不喜欢啦。乌龟用口咬住树枝，它一张嘴说话，就掉下来了。""嗯，回答得真对！那妈妈问你，如果你上课讲闲话，那小朋友们和老师会不会也不喜欢你呢？" "你这样做，会影响其他小朋友，他们会听不清楚老师说什么。知错能改就是好孩子，我们千万不能像小乌龟一样，知道吗？" 沛沛没有回答，只是微微点了点头。

第二天放学，我问沛沛："你今天上课有没有老是和别人讲话呢？"他摇摇头说："没有。"我又问："那你有没有留意听老师讲话？"他大声说：“有！”我相信了他。

就这样过了一个星期，我特意问了沛沛的带班老师：“沛沛最近上课表现好些了吗？”老师说：“好些了，开始留意老师的讲话了。”终于，我放心了。

故事分析

倾听是一个凭借听觉器官接受言语信息，进而通过思维活动到达认知、理解的全过程。孩子在有效倾听的前提下，可以和父母、老师、同伴进行互动，更加顺利地进行交往。然而，很多孩子没有养成良好的倾听习惯，在听别人说话时走神，结果与人对话时答非所问，或者喜欢打断别人的谈话。这样的孩子很难与人有效地进行交流与交往。因此，父母应该从小培养孩子的倾听习惯。

在这个故事中，沛沛爱说话，但他并不知道应该在什么时候和用什么样的方式表达自己的意愿和想法。对此，妈妈巧妙地利用了一个适合的故事帮助沛沛了解什么时候该适度表达、什么时候该认真倾听，同时用提问的方式引导沛沛判断故事中“多话的乌龟”的做法是否正确，从而让沛沛明白：要有礼貌地倾听别人说话。

给爸爸妈妈的教育建议

在沟通能力当中，倾听占有比较重要的地位。积极倾听能力的提升，能提高倾听的效果，在倾听的过程中获得准确的信息，有利于进行正确的思考和评价。

1. 培养孩子良好的倾听习惯 良好的倾听习惯包括以下几点：

第一，有正确的倾听态度，在与别人谈话时，眼睛注视对方。

第二，认真地理解、弄明白对方的意思，不明白时要礼貌地提问，对别人的提问积极地回应。

第三，耐心地倾听别人讲话，不要随意打断别人的谈话，多听少讲。

2. 丰富孩子的倾听内容 大部分父母认为孩子年龄小，只适合听一些与生活相近的故事和简单的儿歌等。其实不尽然，心理学家的研究表明，多倾听不同的信息，频繁刺激大脑，使大脑处于紧张状态，有利于孩子的智力发展。因此，在孩子语言发展的关键期，父母可以选择更多类型的文学作品，让孩子的视野更加开阔，文学素养慢慢得到积累。例如，选择塑造人格的故事，可以让孩子领悟做人做事的道理和形成真、善、美的品质；选择孩子喜爱的图书，可以舒缓孩子的不良情绪；选择适合的文学作品朗读给孩子听，可以让孩子在倾听中领略诗情画意，提升理解能力，进而发展表述能力。

在培养孩子倾听习惯的过程中，父母也要做好榜样，以自己的言行潜移默化地影响孩子，多鼓励孩子，坚持要求的一致性。

自我反思

1. 你是否针对孩子的各种问题选择适合的故事进行教育？

2. 你如何给孩子适当的表达机会？

3. 在孩子倾听故事时，你会让孩子猜测或创编故事的后续情节吗？

“故事电台”的魔力
——如何培养孩子的倾听习惯

故事分享

健健今年6岁多，他有一个爱好，就是听故事。

早在健健两岁多时，家里就会给他买各种图文并茂的儿童图书。健健一开始只是觉得好奇、好玩，胡乱翻着这些图书。当我们发现他渐渐对书里的文字和图画产生兴趣时，便不失时机地在一旁给他讲书里的故事。从那时起，健健就对听故事产生了浓厚的兴趣，常常反复地听故事，百听不厌。

在健健4岁多的时候，我们专门为他买了一台播放器。从此，健健就拥有了他专有的“故事电台”。每天吃饭时和睡觉前，他都会安安静静、兴致勃勃地听着心爱的“故事电台”里播放的各种故事，还不时随着故事里的情节做动作、皱眉头或傻笑，乐在其中。

健健爱听故事这一爱好，不仅对他倾听能力的发展有很大的帮助，也无形中提高了他的一些其他能力。例如，有一次我和健健外出，在路上，他随口给我讲了一个《鲤鱼泡泡》的故事。这个故事讲了足足半个小时，几乎把他在“故事电台”里听到的故事一字不漏地复述出来，而且模仿了故事里人物的语气、语调和情绪。我在心里暗暗惊叹儿子的记忆力怎么那么强，模仿能力也那么棒。另一件让我感到意外的事是，在听故事的过程中，健健的普通话水平得到了很大的提高。看来兴趣真是最好的老师！

我们都为儿子能专注地去做一件事情感到高兴。毕竟，对于孩子而言，较长时间地集中注意力是比较困难的事情。而每次看到健健沉浸在自己的故事世界时那专注的表情，我都会不自觉地想：男孩子专注时真帅！当然，为了培养儿子的语言表达能力，除了听故事外，我还鼓励他尽可能用自己的话复述听到的故事。现在看来，健健讲话有条理还真有部分归功于此。

故事分析

孩子倾听习惯的养成有赖于父母的认识和坚持。当父母为孩子创设精神环境和物质条件，让孩子真正拥有倾听的空间时，孩子便能愉快地倾听，愿意主动地倾听，慢慢地形成良好的倾听习惯。在这个故事中，健健的家人给他买各种图文并茂的儿童图书，在他对书里的内容产生兴趣时及时给他讲故事，让他拥有自己专门的“故事电台”。日复一日，健健逐渐养成了爱听故事的好习惯。

3—6 岁的孩子处于语言敏感期，故事中人物的对话、讲述者的技巧等，很容易成为孩子语言学习模仿的对象。因此，孩子在反复倾听故事的过程中，会主动复述故事，自身的语言表达能力、语言的艺术性和流畅性、普通话水平也在潜移默化中得到提高。

给爸爸妈妈的教育建议

喜欢听故事是孩子的天性。父母可以每天抽时间陪陪孩子，给孩子讲他喜欢的、适合孩子身心发展的故事，如生动有趣的动物故事、生活故事等，让孩子在听故事的过程中养成专注倾听的习惯。同时要关注孩子倾听的礼仪，如眼睛看着说话的人，不能随意地打断故事，把故事听完再做其他的事。适当的时候，还可以向孩子提一些问题，让孩子思考并回答。特别提醒的是，当父母和孩子之间产生摩擦时，可以尝试运用故事来稳定孩子的情绪，调整孩子的心理活动，借助故事来影响和纠正孩子的行为，促进亲子之间的感情，让故事伴随着孩子成长。

如果父母的普通话不标准，可以让孩子多听发音标准的故事录音。慢慢地，孩子就能识别普通话的正确发音，听懂普通话，会说普通话。

自我反思

1. 你在孩子的习惯养成上能做到持之以恒吗?

2. 你认为复述故事能提升孩子的哪些能力?

3. 不同年龄段的孩子倾听哪些类型的故事比较合适?

做孩子倾听的榜样
——如何倾听孩子

故事分享

对于孩子的教育，我一直是在摸索中前进，一边吸取前辈们的经验，一边结合自己孩子的特点开展教育。

自女儿上幼儿园后，她的语言表达能力突飞猛进。每天放学回家，我都喜欢聆听她说幼儿园里的各种事情。不管她表达得是否完整，也不管她说得是否清楚，我都很用心地去倾听。因为，我觉得父母如果关心自己的孩子，就不仅要用眼睛去“看”孩子，更要用耳朵去“倾听”孩子。这种“倾听”能给孩子更多的鼓励和肯定，让孩子愿意和父母多谈谈自己的事情，父母也才能够更多地了解自己的孩子。

在人际交往中，我们都知道这样一条原则：静静地倾听，尊重他人的发言权。我愿意做孩子的倾听者，尊重孩子的发言权，让她觉得自己很重要。我常常给女儿创造机会，让她大胆地表达自己的意见。她讲故事时我认真地听，她提出问题时我耐心地回答，讨论问题时我让她先说并留意她说什么……久而久之，女儿就很喜欢与我交流。

在亲子交流中，父母往往忽略了一点，那就是习惯以自己的意识指导孩子的行为。当孩子发表言论的时候，他们驳斥孩子“不懂就不要乱说”，或者满不在乎地敷衍。这样做会减低孩子的存在感，让孩子产生“我的观点一点也不重要”“我不值得尊重”“我说了没有人听”“我不说了”等想法。很多时候，我们对孩子都是有求必应，吃的、用的、穿的、玩的完全满足，甚至是不合理的要求也一概允许。但我们不能忽略孩子的想法，孩子也是一个有情感需求的独立个体。我们应该在孩子成长的过程中学会耐心地等待，尽量调整自己对孩子的控制欲，以身作则，做一名合格的倾听者，给孩子树立良好的榜样，这对孩子学习语言、文明交往很有意义。

我们要多倾听孩子，走进孩子的心灵，成为孩子的知心朋友，伴随孩子一天天成长。

故事分析

我们在不开心的时候总想找个倾诉对象，在他们面前倾吐不快。如果对方毫不在意、漫不经心，我们的内心就会更加难受，失落感、自卑感油然而生。不被倾听是一种伤害。不被倾听的孩子，自尊心长期受到伤害，缺乏自信，容易变得焦虑不安、沉默和孤独。故事中的家长意识到，关心孩子，不仅要用眼睛“看”，还要用耳朵“听”，要“尊重孩子的发言权”。孩子在诉说时，父母、老师、同伴的倾听反应能够帮助他建立自信心。倾听者不仅听进倾诉者的话语，还给予肯定，这种肯定对维护自尊是很重要的。生活中长期被倾听的孩子，会有安全感，“自我”慢慢形成。因此，让我们蹲下来，好好倾听孩子，帮助孩子树立自信的人生。

给爸爸妈妈的教育建议

1. **耐心倾听孩子** 在生活中，父母不要因为自己工作忙碌而忽视倾听孩子，应该多和孩子聊天，倾听孩子在幼儿园发生的有趣的事情、遇到的困惑。当孩子心情沮丧时，当孩子怒气冲冲时，当孩子兴高采烈时，当孩子说话不流畅或结巴时……父母都应当给孩子说出心里话的机会，并耐心倾听孩子说话，这可以使孩子感受到父母对自己的重视，愿意与父母分享内心的想法。在倾听时，父母要停下手头的工作，双眼看着孩子，全神贯注，传递出一种“我在听”的信息，为孩子做好良好倾听者的表率。

2. 做出积极的倾听反应 父母在倾听完孩子的表达后应该有所“反馈”，可以多使用“我想”“你是不是觉得”“也许是”“可能”等措辞，让孩子觉得“我被了解了”，而避免使用“我认为”“我觉得”这类果断、肯定的措辞。父母还可以在倾听中多用发问方式引导孩子讲述，如“那怎么办？”“你有什么样的方法？”“如果这样做，有难度吗？”或者“这个方法，你现在可以做到吗？”孩子在回应中不断地讲述，父母不断倾听和鼓励，让孩子独立分析、想出解决问题的方法。父母和孩子之间善于倾听对方有助于加深亲子之间的信任。同时，父母的关注让孩子有了安全感，自信心得以培养。

自我反思

1. 你会经常认真倾听孩子说话吗?

____

____

____

2. 孩子表述不清的时候，你的反应如何?

____

____

____

3. 你在倾听孩子时用了哪些方法?

____

____

____

第二章

口语表达的愿望

语言是交流和思维的工具。幼儿期是语言发展的关键期，特别是口头语言的学习犹显突出。《3–6 岁儿童学习与发展指南》在语言领域中将孩子的语言学习与发展目标分为口头语言和书面语言两大类。从语言输出的角度,强调孩子“愿意说”这一人际交往心理能力，以及使用口头语言和身体语言的表达能力，是口头语言学习与发展的重要目标之一。

语言是一种特殊的社会现象，是人类群体活动的产物。人类创造和使用语言都是为了更好地交往。孩子语言学习与发展的核心是语言交往能力。

孩子的语言表达是以一定的语言内容、语言形式以及语言运用方式进行交流的行为。儿童语言研究早已告诉我们，只有懂得语言表达的作用，愿意向别人表达自己的见解，并且能够清楚表达的人，才能真正与人进行语言交流。提升孩子口语表达能力的重点在于，循序渐进地促进孩子从口头语言表达的态度倾向，向正确、恰当地运用语言进行表达的能力过渡。

《3-6 岁儿童学习与发展指南》提出，“愿意讲话并能清楚地表达”这一目标的各年龄段表现是：3～4 岁，愿意在熟悉的人面前说话，能大方地与人打招呼；愿意表达自己的需要和想法，必要时能配以手势动作；能口齿清楚地说儿歌、童谣或复述简短的故事。4～5 岁，愿意与他人交谈，喜欢谈论自己感兴趣的话题，能基本完整地讲述自己的所见所闻和经历的事情。5～6 岁，愿意与他人讨论问题，敢在众人面前说话；能有序、连贯、清楚地讲述一件事情。

孩子口语表达能力的发展，表现为在强烈的口语表达愿望推动下，孩子成为积极的语言运用者，在真实而平常的学习和生活中，通过众多机会和众人交往中，不断操练，扩展口语表达经验，能清楚地表达。因此，不可忽视日常的、渗透的环节，要保护孩子口语表达的主动性和积极性，帮助孩子在宽松、真实的语言运用情境中获得有效的口语表达经验，要创造无所不在的语言环境，激发孩子口语表达愿望，鼓励孩子大胆思考并表达想法。

因此，敢说、爱说、能说是培养孩子口语表达愿望的主要目标，口语表达愿望成为语言能力培养的中心环节，良好的语言学习环境和宽松交流的氛围，成为语言学习的重要方法。

亲爱的孩子
——如何帮助“语言发育迟缓”的孩子

故事分享

晚上，熄了灯，瑞瑞依偎在我的身旁，奶声奶气地说：“妈妈，我睡不着，能给我讲个故事吗？”“可以啊，我今晚讲的是关于你成长的故事，叫‘亲爱的孩子’。”我在黑暗中望着他说。瑞瑞听到我这样说，觉得非常好奇，盼着我快讲这个关于他的故事。

我亲爱的孩子叫瑞瑞，是个早产儿，直到两岁还没法说出一个字，医生诊断为“语言发育迟缓”。经过了大半年在医院的语言训练，2岁8个月的你也只能说出简单的称呼，比如“爸爸”“爷爷”“姐姐”。我问医生：“瑞瑞什么时候能说一句话、一段话？”年轻的医生照本宣科地回答：“这个嘛，因人而异。有些小孩可能一年，有些小孩可能几年，要坚持。坚持训练，总会有希望的。”

于是我蹲在你的面前，问你：“瑞瑞还想不想来这里训练？”你嘟起小嘴，猛地摇摇头。

“好吧，妈妈明白了，明天我们不用来训练了。”我记得那天是你做语言训练以来最快乐的一天。

后来，瑞瑞上幼儿园了，还是整天“啊！啊！”的，不会说话。每位老师在看护教育中，都给予你特别的关心和照顾，希望你能像其他小朋友一样健康成长。这些关怀和帮助都令妈妈非常感动，于是又让你去参加语言康复训练。你的不情愿让妈妈真的感到很无奈，也很心疼。终于有一天，妈妈到了崩溃的边缘，对着你放声大哭起来。你吓坏了，艰难地吐出含糊不清的字眼：“妈……妈……不，不，不……”我知道，这一刻的你，是多么想安慰伤心的妈妈。后来，我把这件事告诉了梁老师，她很认真地听我说完，告诉我：“快乐，对于孩子才是最重要的。你快乐了，他才能快乐！你要有信心，瑞瑞一定会说话的，就算不会，又如何呢？这个世界上，很多不健全的人都有着他们快乐健全的人生，也是幸福的。为人父母的，只要孩子能幸福地过好自己的人生，也就没有遗憾了。”

梁老师的话深深地打动了妈妈。自此以后，我们所有的语言训练都是以你快乐为出发点。每一次训练的过程，我都会用笔记本记录下来，不断调整和增加游戏的趣味性和互动性。

“妈妈，现在我会说话了。”瑞瑞突然插了一句。

我笑笑说：“是啊，妈妈跟瑞瑞一起快乐地训练了半年后，你终于能说话了。”

“故事讲完了，我的宝贝，晚安！”我闭着眼睛，轻轻地吻着我亲爱的孩子。

故事分析

故事中的瑞瑞不幸得了“语言发育迟缓症”，经过在医院的大半年训练和在幼儿园里半年多的快乐训练，终于会说话了。这个看似平凡的故事中却隐藏着语言发生的科学。

语言发生是从不会说话到学会说话的过程，或是从不会使用到学会使用语言的过程，是对语言进行编码和输出的综合心理活动过程。并非每一个孩子的语言发生都非常顺利，语言的发生需要一定的生物基础。

第一，语言发生需要发音器官的成熟。

呼吸器官。包括从口腔、鼻腔，通过咽喉和气管到达肺脏的一连串管道，主要部分是肺支气管和气管。人类发音的原动力是呼吸时所产生的气流，肺脏是呼出和吸入气流的总机关。当气流呼出或吸入时，它都会通过管道上（如鼻腔、口腔、咽喉、支气管和气管等）的某些部位发生冲击或摩擦，造成声音。语音一般都是在气流呼出时发生的。

声带和喉头。在言语中声带是主要的发音体。喉头是由四块软骨组成的一个圆筒形的筋肉小室，小室的中央就是声带，也就是说声带位于咽喉的中间。声带是由两片附着在喉头上的黏膜构成的，两片声带之间有狭缝，叫作声门。新生儿不能学会说话，是因为发音器官还没有发育好，喉头和声带仍在不断成熟和发展之中。

口腔、鼻腔和咽腔。人的口腔、鼻腔和咽腔是音色的三个共鸣器。鼻腔是固定的形式，而口腔有形式上的变化，口腔中的舌、小舌、软腭等部位可以自由活动，使共鸣器的容积和形状发生种种变化，这使声音产生各种不同的语音音色。口腔、鼻腔和咽腔是人类发音的共鸣器，也是发不同声音的制造厂。

第二，语言发生需要听觉系统的成熟。

掌握语音，必须依靠语音听觉器官的发育成熟。人的听觉器官包括外耳、中耳和内耳。幼儿的外耳道比较狭窄，鼓膜较厚；咽鼓管较成人粗短，近水平位。人类听觉发育得早，在妊娠20周时已经具备。只有在母体内听觉器官发育良好，出生后才具备语言发展的条件。发音器官和听觉器官的特殊能力，使婴儿很早就产生与人口头交往（言语和非言语的）行为，这种交往，一旦形成就会变得牢固而持久，这对语言发展具有重要的意义。

听觉的不断成熟，使幼儿辨别声音细微差别的能力不断提高。幼儿的听觉感受性不断增长，听觉较成人敏锐。幼儿听觉的个别差异性很大，随年龄的增长而不断减少。

第三，语言发生需要大脑神经中枢的成熟。

语言器官的活动是由大脑皮层有关神经中枢支配的。其一，幼儿脑生长主要表现为脑细胞体积的增加，轴突和树突的延长和分枝，神经纤维迅速形成髓鞘，使神经传导的数量增多，速度加快，内在联系复杂化，也就是说神经网络的复杂性不断增加，这是加工词语形成概念的物质基础。其二，语言功能的大脑定位和侧化与语言发展，告诉我们神经系统的发育顺序是从下到上（即从脊髓、脑干、皮层下中枢直至皮层），大脑皮层的发育顺序是从后到前（即从中央回后部的各皮层区先发展），逐渐向中央回前部推进，最发达的额叶最后发育完成，这与儿童语言行为发展顺序基本一致，也就是语言中枢的成熟顺序决定学前儿童听、读、说、写的顺序。

“语言发育迟缓”的情况，严重的需要早期即时进行干预式康复训练，不严重的可通过科学的语言教育来促进其发展。

给爸爸妈妈的教育建议

在这个故事中，我们看到孩子口语学习的几个最重要的方面：第一是快乐。妈妈快乐，孩子快乐，心情舒畅，学习才有干劲。第二是游戏性和趣味性。孩子的天性是喜欢游戏，只有在有趣的游戏中学习，孩子才会学得轻松又投入，提高效率。第三是妈妈与孩子亲密的互动，给了孩子很好的模仿对象和不断学习的动机。有了这三点，语言的康复训练就能发挥最大的作用，产生最好的效果。

自我反思

1. 你遇见过“语言发育迟缓症”的孩子吗？

2. 故事中的瑞瑞为什么抗拒医院里的语言康复训练？

3. 在幼儿园与妈妈一起用快乐的游戏方法进行互动的语言康复训练，为什么受孩子喜欢？

父女俩的快乐对话
——如何激发孩子的口语表达愿望

故事分享

长辈经常告诉我，注重语言交流是很重要的教育手段。语言交流可以帮助孩子廓清思想迷雾，澄清模糊认识，明辨是非，主动追求真、善、美。

2014 年 10 月 8 日晚，天文专家表示有“月全食”现象，只要天气晴朗，我国几乎所有地区都能欣赏到一轮“红月亮”高挂夜空的迷人景象。吃完晚餐后，我们一家三口出发了。女儿对于这种户外活动一向是欢呼雀跃的。

一路上，女儿向我问了各种各样的问题。对她提出的任何问题，我从来不会说“不知道”。即使我真的不知道，也会组织语言尽可能地满足她的好奇心。

走在路灯下。

“地上为什么有我们的影子呢？”

“因为我们挡住了光，这叫‘灯下黑’。”

“影子怎么变短了？”

“这是角度问题，一会儿还会变长。我们还可以对这些角度进行计算。”

虽然这样解释她不一定能听懂，但这些是她好奇的东西，她会在我的解释之后形成自己的思维，这样就足够了。

散步到湖边时，我接着对她进行启发式提问。

"你看看，月亮变红了没有？"

"变红了，看到了！月亮姐姐总是晚上上班吗？"

"其实太阳公公晚上也上班，只不过被地球挡住了，我们看不见而已。"

"为什么月亮那么大，星星那么小呢？"

"你看，你身边这棵树看起来这么大，远处那棵树看起来那么小，一样的道理啊！"

这时，我开始哼一首歌："月亮走我也走，我送阿哥到村口，到村口，阿哥去当边防军，十里相送难分手，难分手……"

"月亮怎么在跟我一起走啊？"我哼唱歌曲就是故意引导她问这个问题。

"因为她喜欢你啊。"

"那她也喜欢所有人喽。"看来蒙不到她。

"其实月亮没有跟我们一起走，这是我们的错觉。"现实是残酷的，得告诉她真相。

看完了红月亮，我们打道回府。

类似的语言交流，在我们平时的生活中经常发生。我工作再忙，也不会对女儿说"一边去""别烦我""不知道，去问你的老师"之类的话。

语言交流很普通，但也很重要。语言交流的最终目的是拓宽孩子的视野，锻炼孩子的思维。我知道，女孩子多跟父亲进行语言交流，可以帮助她健全人格，提升修养，这是不可替代的。

故事分析

故事中的爸爸认为与女儿进行语言交流是很重要的教育手段，可以"帮助孩子廓清思想迷雾，澄清模糊认识，明辨是非，主动追求真善美"。因此，面对女儿提出的问题，他总是积极回应，"从来不会说'不知道'"，即使自己真的不知道，也会想办法尽可能满足女儿的好奇心。为了增强女儿的口语表达愿望，爸爸还经常根据当时的所见，主动提出更多的话题和内容，创造与女儿交流的机会，借此让女儿多讲话、多发问，充分挖掘女儿的潜力。例如在去看月全食的路上，爸爸一路上看见什么就启发什么，影子、月亮……话题随着女儿的思绪不断转移，不断激发女儿跟爸爸的交流和对话。在爸爸的支持和鼓励下，女儿产生了强烈的交流愿望，积极参与到父女交流中去。

同时我们还可以看到，故事中的爸爸在一问一答中，注意多给女儿留一点交流的时间和空间，让孩子拥有充分表达的机会。一次又一次成功的交流，不仅让女儿积累了谈话经验，更让女儿感受到其中的乐趣。"一吐为快"之后，女儿获得了成功感和满足感，这些积极的情感体验为女儿注入新的活力，帮助她一次又一次投入新一轮的交流中。

给爸爸妈妈的教育建议

口语表达能力的培养是幼儿期语言教育的重要内容，会对孩子以后的性格、人格、人际交往能力产生重要影响。关注日常语言交流质量，是孩子口语表达愿望的良好开端，也是培养口语表达能力的重要方法。

1. 丰富孩子的生活内容 丰富的生活是孩子口语表达愿望的源泉。父母应有意识地让孩子多观察各种事物，开阔孩子的眼界，鼓励孩子多提问，并认真对待孩子提出的问题，从而树立孩子开口说话的信心。在交谈中，父母应努力做到发音准确，用语恰当，语法规范，声调自然。

此外，还可以充分运用电视少儿节目，让孩子模仿正确的语言，学习表情，体会语调，增加词汇量，使孩子在潜移默化中提高口语表达能力。

2. 与孩子进行互动与交流 从激发孩子形成积极的口语表达愿望，培养良好的语言表达能力角度看，语言的互动与交流也是非常重要的方法。在与孩子进行互动交流的时候，父母可先引导孩子理清思路，再教给孩子表达的技能，可以采用点拨启发的办法提出新词，而不是把新词强加给孩子，让孩子乐于接受。孩子动脑又动口，把平时获得的零星分散的词语联系起来，把美好的情感、愿望用生动的口头语言表达出来，这是孩子愿学愿做的。对于4～6岁的孩子，父母可以指导他们看图讲述、续编故事、讲故事，让孩子观察一些有教育意义、形象突出、色彩鲜艳的幼儿读物、图画书等，用一连串的问题引导孩子按顺序仔细观察图片中有什么，他们分别在干什么，在什么地方、什么时候发生了一件什么事情。这样不但能启发孩子去观察推论孩子加深对事物形象的认识和记忆，而且能激发孩子的兴趣和想象。

3. **创造自由、宽松的语言环境** 口语表达的愿望是在宽松温馨的环境下，在积极的回应和互动中被激发的。父母在与孩子的日常交流中应积极回应，让孩子感受到交流的乐趣。积极的情感体验能够让孩子产生强烈的交流愿望，使孩子在成功的交流过程中提高语言表达能力。

自我反思

1. 你会像故事中的父亲一样不厌其烦地积极回应孩子的所有问题吗?

______

______

______

2. 你觉得与孩子保持频繁积极的交流，有什么教育意义?

______

______

______

有话好好说
——如何与孩子进行良好沟通

故事分享

这个星期天，我原本答应带女儿琳琳去游乐场玩，谁知一大早就下起了雨，去不了了。于是琳琳发起了脾气。我见她不高兴，随口说了句："发什么脾气呢？要玩还有下回呢，又不是我让它下雨，干吗非要今天去不可呢？"琳琳听我这么一说，可不得了了。她先是"呜呜"地哭，过了一会儿，见我没理她，索性跑回自己房间，趴在床上"哇哇"大哭起来。这时，我才意识到自己的语言欠妥当。

试想一下，在孩子非常沮丧的时候，父母不但不理解，还劈头盖脸地训他一顿，只会使孩子的情绪更坏，变得不可控制，更需要发泄一番。很多父母都会如我一般，由于没有学会与孩子进行有效的交流，往往在不知不觉中，用一些孩子不喜欢的语调说一些违背自己本意的话，结果和孩子造成了不必要的误会和冲突。

同样的事情，采取不一样的做法、说法，效果会大不一样。

有一次，老师布置了周末练习，要求孩子们画一幅画。琳琳和帆帆都比较调皮，又是邻居。当我接到他们的时候，他们正小声地嘀咕："老师真坏，不让我们玩，周末了还画什么画！"我听到之后，决定对他们进行跟踪了解。

帆帆妈妈发现孩子的画很随便，只是寥寥几笔，马上就生气了，指着孩子的本子说："你看你画的是什么！这也叫画？你怎么这么笨！"本来就不想画画的帆帆马上嘟起了嘴，不高兴了。帆帆妈妈一看更是气不打一处来：“说你两句，你还发脾气了？是老师布置的作业，不想做也要做！给我重新画，不然今天别想出去玩。”帆帆一听，干脆把画好的画一撕。妈妈一看火了，一顿鞭子下来，帆帆只能边哭边画，后来画出来的比刚开始那张好不了多少。

而我发现琳琳根本就没有画，便跟她说：“宝贝，老师不是布置了画画吗？”琳琳老老实实地说：“妈妈，我不想画。”我说：“宝贝，你平时画画都不错啊。妈妈今天跟你来个比赛好不好？”琳琳说：“不好。”“怎么了？怕赢不了妈妈吗？”琳琳被我的激将法激起了“斗志”，小脑袋昂得高高的：“谁怕了，比就比！”我说：“可不能随随便便哦，妈妈知道你一定会画得很好，你是最棒的！加油！”我的话还没说完，琳琳就“开工”了。涂抹了半天，她把“作品”高高地举到我面前，骄傲地说：“妈妈，我一定会得到老师的表扬的。”我看了看她的画，欣慰地笑了。

故事分析

说话是一件很有学问的事。有的人说出的话让人备受鼓舞，而有的人说出的话却让人心里发堵。作为父母，平时与孩子交流同样需要说话的艺术。有的父母认为孩子是自己生的，自己完全有资格教育他们，教不好就打骂。有的父母甚至觉得把话说得难听点，孩子才会意识到自己的错误，于是经常会对孩子说：“不听话？好，我不要你了。”“今天又调皮了，爸爸妈妈讨厌你！”“你怎么这么笨！比猪还蠢！”“什么都不会！你就知道吃饭睡觉，你是猪呀？”等等。这些话在孩子心中都是一种“威胁”。孩子还小，他们心中还没有想到要维护自己的“自尊心”，父母的这些话会让他们觉得自己是一个没有用的人，是父母的累赘，可是又没有办法改变，甚至会感到无所适从和惶恐。有些孩子因为年纪小，被打骂之后只能乖乖顺从父母，但是很多时候，孩子“听话”只是因为内心对父母权威的恐惧，表面顺从了父母，内心却不认同父母的话。在这样的心理压力之下，孩子的心理难以健康发展。

故事中的琳琳和帆帆，开始都不愿意完成老师布置的画画任务，但最后都完成了。不同的是，帆帆是在妈妈的训斥和打骂中哭着画完的，从妈妈那里得到的是压力；而琳琳则是在妈妈的鼓励下完成的，得到的是信心和动力。训斥和鼓励两种方式下的学习效果截然不同。

给爸爸妈妈的教育建议

1. 认真倾听孩子的话 学会倾听，这是沟通的第一步。人人都有受尊重的权利，孩子也一样。当孩子沮丧、发脾气的时候，父母应当停下手上的事情，安静地看着孩子，不打断他的话，全神贯注地倾听。这等于告诉孩子：你是被我们在意的，我在认真地听你所说的感觉或问题。

2. 注意说话的技巧 父母是孩子的第一位老师，父母给予孩子的自尊、自信非常重要，父母的认可与肯定会影响孩子的一生。如果父母在与孩子交谈时不注意自己的语气，动不动就以训斥的语气跟孩子说话，结果就可能事与愿违，对孩子造成不可避免的伤害，甚至会让孩子过早地产生逆反心理，这是家庭教育中经常出现的误区。父母平时与孩子交流时要从平等的立场出发，不摆父母的架子，尊重孩子的意见，给孩子说话的机会，最重要的是获得孩子的信任。父母还要学会与孩子沟通交流的说话艺术和科学方法，注意说话的技巧，不用过激的语言，才能在育儿的过程中更好地促进与孩子的感情，让孩子更愿意与父母沟通，自愿敞开心扉与父母分享自己的欢乐，与父母一起面对自己的烦恼，获得情感和语言表达发展的双重效果。

3. 避免提出过高要求 孩子就像稚嫩的小树，承受不了重压。一些达不到父母要求的孩子，在父母的训斥下会产生挫折感，不断积累“我不行”的消极情感体验，逐渐由经常的自我怀疑转为自卑。因此，父母要尽可能少给孩子压力，对孩子提出的要求一定要符合孩子自身的特点。

自我反思

1. 当孩子“发脾气”时，你会有怎样的感受？你是怎样处理的？

____

____

____

2. 故事里的两个孩子都对老师的作业有抵触情绪，最后虽然各自在妈妈的教育下完成了，但她们收到的教育效果是一样的吗？会产生什么教育后遗症？

____

____

____

3. 为什么教育孩子要注意说话的语气，注意语言艺术？

____

____

____

给孩子快乐的语言环境
——如何激发孩子的语言潜能

故事分享

女儿铭铭从小说话比同龄孩子早，一周岁就已经牙牙学语。作为一名语言教师，我意识到必须好好抓住孩子这种天生的优势，加以后天的培养。于是，我开始有意识地在家庭生活中营造愉悦的语言环境来提高她的口语表达愿望和能力。

幼儿园放学接到铭铭时，我会愉快地与女儿聊天："铭铭，今天在幼儿园开心吗？今天跟哪些小伙伴玩啊？你们玩什么游戏啊？今天做了什么开心的事情啊？"以这种积极的问题去引导铭铭快乐地思考一天所经历的事件并尝试着用自己的语言表达出来。慢慢地，铭铭放学时会主动汇报式地跟我说："妈妈，我今天有三件事情要告诉你，第一，我今天吃饭时不小心弄脏衣服了，你要帮我洗一下；第二，今天小朋友吃完包子，手脏脏地拿我的书去看；第三，某小朋友经常跟我玩，可是我有大红花，她只有小红花，真奇怪！"

外出旅游时，我会鼓励铭铭暂时忘记方言的使用，尝试用标准的普通话与他人进行交流，提高她与使用不同语言的人交流的能力。每到一处，铭铭的语言表达能力都有明显的提高。每次外出回来，铭铭的词汇库中的新词就不断增加，发音愈加标准，并能准确运用，比如她在说话时出现很多类似"居然""特别""如果""梦想""介绍"的书面用语。

去商店购物时，我会鼓励铭铭向售货员询问自己要购买的商品，并询问商品价格以及付钱找赎。在西餐厅用餐时，如果碰到外国友人，我会鼓励铭铭主动上前用“hello”打招呼。看到班上小朋友伤心时，我会引导铭铭主动上前，用友爱的话语安抚小朋友。

我喜欢利用回家爬楼梯的时间教铭铭念潮州歌谣、标准古诗词、英文单词和儿歌，形式不拘，内容不限，语种多样。如年龄小时会一边爬楼梯一边数数字；年龄大时会一边爬楼梯一边念儿歌。爬楼梯的节奏与数数、念儿歌的押韵为孩子的语言学习创造了快乐的氛围，铭铭学得开心，效果也特别明显。我还喜欢利用图文并茂的绘本，和铭铭一起进行快乐绘本阅读之旅。在这个过程中，铭铭既产生了口语表达的愿望，又提高了口语表达的能力。

经过我这样时刻营造愉悦的语言环境，铭铭的语言天赋得以更好地发挥。在学前阶段，铭铭的表达愿望和表达能力都走在同龄孩子前面，且语音、语调较为标准，收到了理想的效果。

故事分析

孩子的语言发展有快有慢，语言表达愿望有强有弱，表达能力有优有劣。或许每个家庭对孩子口语表达愿望和语言表达能力的培养方式各不一样，但不能否认的是，作为孩子成长的第一载体——家庭，起着不可替代的作用。作为孩子的第一位启蒙老师，父母对孩子的语言表达则起着示范性作用。故事中的妈妈是教育的有心人，在发现铭铭具有良好的语言天赋后，她充分利用日常生活中送孩子上学、放学、外出用餐或旅游等机会，时刻营造愉悦的语言环境，通过科学的引导以及用心的交流互动，鼓励孩子大胆开口说话、乐于开口表达，收到了良好的效果。

给爸爸妈妈的教育建议

在幼儿期，孩子拥有良好的语言表达能力，不仅能提高逻辑思维能力，也能改善人际交往，这对孩子的智力发展和人生成长起着至关重要的作用。

1. 营造愉悦的语言环境　规范性语言表达能力的培养，首先需要营造愉悦的语言环境。孩子从一出生就开始听话、听音，到六七个月大时就逐渐能听懂父母的话了。由于孩子年龄小、天性好动活泼，父母不要给孩子施加压力，要为孩子营造愉悦的语言环境，让孩子在快乐的氛围中主动地学习语言、接受语言、运用语言。随着沟通交流的增多、年龄的增长、语言生理基础的成熟，孩子语言发展的速度也会随之加快，模仿能力随之增强。孩子通过观察父母的表情、动作等来获取需要的信息，父母平时的一言一语，孩子都看在眼里、记在心里。因此，父母应当以身作则，使用规范语言，当好孩子的楷模，使孩子的语言表达更合乎规范，表达能力不断提高。日常生活中，父母的礼貌规范用语、对长辈的嘘寒问暖、对同辈的友好关心、对晚辈的爱护照顾等，都可以作为一面旗帜，指引孩子在语言学习和发展道路上前行。

父母还可以通过抚摸、拥抱、微笑等非语言方式来表达对孩子的爱和关心，这种非语言形式能够激发孩子口语表达的欲望。

2. 营造良好的规范性语言环境　生活中，我们无须刻意，只要用心，便会发现处处都有激发孩子说话的话题，处处都是提高孩子语言表达能力的场所。如果父母的发音比较规范、标准，可以在愉悦的氛围中为孩子读儿歌、讲故事、念古诗、唱通俗歌曲。如果父母对自己的语言表达能力没有足够的把握，则可以利用多种电子产品给孩子播放适合其年龄阶段的读物，比如故事、儿歌、诗歌。还可以借助绘本阅读，提高孩子的讲述能力。

自我反思

1. 面对具有语言天赋的孩子，你认为还需要用心培养吗?

2. 在日常生活中，你是否注意为孩子创造温馨、规范的语言环境?你是怎么做的?

3. 故事里的妈妈特别注重家庭、父母语言行为对孩子的影响，你是如何看待的?

4. “有声读物”和“绘本阅读”这些方法你用过吗?你觉得好在哪里?

“小酷妹”的转变
——孩子不愿当众说话怎么办

故事分享

女儿刚满3岁就进幼儿园小班就读，在度过了一周闹情绪的适应期后，她对上幼儿园不抗拒了，但也没表现出喜欢的情绪。早上来园，老师热情地向她打招呼：“昕怡小朋友，早上好！”我提醒她：“昕怡，叫老师早上好。”她不但没回应，还满脸酷酷的表情，背着书包径直走进教室。我知道女儿的性格本来就内向，心想：给她点时间适应吧。一转眼，半个学期过去了，我每天提醒她要主动向老师问好，可她还是一副“小酷妹”的表情，爱理不理的。我私下和老师了解女儿在园的情况，老师反映：她在班上和其他小朋友玩得挺好的，有说有笑；和老师之间的单独交流就差一些，通常对于老师的问话都是用单音节的字回答；课堂上在集体面前单独提问她，她基本不吭声。在后来的家长开放日活动中，我观察了一下，果然和老师说的一样，女儿在面对老师和集体单独发言时，容易紧张，一言不发。

为了让“小酷妹”能更好地克服在集体面前发言的紧张心理，我尝试从两个方面帮助孩子：一是在生活中注意丰富孩子的词汇量，为她能愿意主动开口说话打下坚实的基础。通过看绘本、讲故事、提问等方法逼孩子多讲话，培养口语表达愿望和口语表达能力。二是多创造机会，把女儿“推”出去。首先，我在空闲时，多带她去探亲访友，鼓励她与人交谈。其次，争取机会，让孩子在集体面前多表现。女儿参加说唱比赛获得一等奖，使她自信心大增，逐步克服了在众人面前说话容易紧张的心理。

其实，孩子的成长和进步从来就没有一步到位、立竿见影的方法，作为家长，面对孩子的不足，我们要保持平常心，用耐心和细心，多方面查找原因，通过家园沟通和配合，寻找正确的教育方法，在生活中循循诱导地逐步对孩子进行帮助和纠正。孩子的进步不会一夜之间发生，但只要我们坚持，就会“聚沙成塔”，最终出现在我们面前。

故事分析

故事中的孩子具有正常的口语表达愿望和能力，不存在语言能力的发展问题，但她不愿意跟老师讲话，不愿意在集体面前说话。这是一种正常反应，经过一段时间有意识的培养和训练就会好转。美国一项权威调查表明，人群中95%的人当众说话会紧张，剩下的5%就是紧张得从来不敢当众讲话的人。可见，这是非常普遍的心理问题。

孩子不愿意跟老师说话的原因有两个：一是有心理距离。孩子可能与老师或其他的成人不熟悉，没有亲密感，情感上疏远，心理上也没有认同，把他们当成外人，不爱搭理。二是没有感兴趣的话题。故事中的孩子对妈妈要求的“礼仪式的问好”不感兴趣，也就没有回应。

孩子不敢当众说话的原因也有两个：一是孩子对这个集体没有情感上的归属感，与集体中的大多数人也不亲热，保持着距离，有警惕性和戒备心，不爱搭理人，看起来就像是不敢在集体面前自如说话。二是孩子自尊心强，或者不够自信，生怕在老师和同伴面前说错话或说得不够好，得不到大家认可，自己会出丑，或是以往曾有过说错话或说不好被人嘲笑或批评的经历，自尊心受到伤害，自信心受到打击，就不愿也不敢当众说话了。

当众讲话是一种综合性技能，要克服心理因素，掌握表达的技能，是一项很不简单的“技术活”，必须通过一定的训练才能掌握。故事中的妈妈通过“讲故事”“推出去交往”“舞台表演”三种办法较好地帮助女儿克服了在集体面前发言的紧张心理。

给爸爸妈妈的教育建议

1. 多为孩子创造交往的机会 父母可以先把别的孩子请到家里来一起玩，然后逐渐让自己的孩子和别的孩子一起出去玩。刚开始时，最好先请性格不太外向的孩子到家里来玩，因为内向的孩子在和外向的孩子一起玩时，容易产生自卑感，经常会独自在一旁观看，不积极参与游戏。父母应当等自己的孩子在和性格不太外向的孩子的交往中产生了愉快体验之后，再扩大交往范围，过渡到和外向的孩子一起玩。父母出去串门时，尽可能把孩子带上，这样可以使孩子有机会接触各种各样的人，学习一些社交礼仪和规矩，体会交往的乐趣。

2. 鼓励孩子多参加集体活动 参加集体活动是提高交往能力的重要途径。孩子在集体活动中，不仅可以结识许多的小伙伴，还可以在了解他人的基础上了解自己，学会用集体交往的规则调节自己的言行，学会尊重他人、信任他人、谅解他人、乐于助人，学会调节集体和个人的关系。

3. 时刻寻找机会鼓励孩子讲话 一方面，父母可以选择孩子感兴趣的话题，创设一个宽松、友善的交流氛围，和孩子进行积极的对话，通过启发、引导、提问等方法，让孩子产生口语表达的愿望，说出自己的想法。另一方面，父母需要多陪伴孩子，给孩子做好榜样，尽可能多创造机会让孩子在各种场合讲话，只要多历练，心里不紧张了，孩子就能自如地讲话。如果平时不多加练习，遇到必须当众开口讲话的时候，孩子自然就会紧张。

4. 增加孩子的自信心和安全感 父母平时不要指责孩子不敢当众讲话，或说一些伤害孩子自尊心的话，例如说孩子太老实、没出息，当着外人的面说孩子不大方、见不得人等。这种责备会加重孩子的心理负担，打击孩子的自尊心，使他们更加退缩不前。父母需要想方设法增强孩子的自信心。例如，当发现孩子对你的话有所回应时，要及时表扬、鼓励孩子，使他得到满足感。对于内向、不愿开口表达的孩子，父母先不要在意他说得好不好，也不要急于纠正他语言中的毛病，而要先培养他说话的信心，让他体验到表达的喜悦。同时，父母应有意识地增加孩子的安全感。有些父母对孩子过于疼爱，总怕孩子和别人在一起会吃亏、受委屈。这种情绪感染到孩子，就会使他们总是怀疑别人，因此不敢和别人交往。这类父母应当调整自己平时的言行，培养孩子乐观的性格。

自我反思

1. 当你的孩子不敢当众说话时，你会有怎么样的感受?

____

____

____

2. 如果孩子不愿向别人问好，你认为是什么原因导致孩子出现这样的状况?

____

____

____

3. 你有什么好办法可以让孩子克服在集体面前发言的紧张心理?

____

____

____

4. 为什么让孩子多与人接触交往，能锻炼孩子当众说话的胆量?为什么舞台表演的成功会提高孩子的自信心?

____

____

____

家有慢宝，静待花开
——孩子说话迟怎么办

故事分享

我家的小猪同学自打出生以来，没少让我们着急，出牙、走路……每一样都是在忐忑的等待中慢慢出现。最让我们发愁的要属说话了。小猪1岁半的时候，和他年龄相差10几天的小伙伴已经能说一些简单的短句了，比他大两个月的哥哥能用完整的一句句话表达着自己的需求，小猪却还只是会叫爸爸妈妈。快两岁的时候，小猪依然只会一些简单的称呼。

我开始分析他词汇量少的原因：

第一，环境。白天我们都要上班，他跟着奶奶。奶奶说的是家乡话，而我们在家说的是普通话，也就是说，没有语言氛围。

第二，重复语言刺激不够。每天阅读的书是他自己随意挑选的，很少拿到重复的书，所以每天接触的故事情节都不一样，这对孩子来说，重复的语言刺激是不够的。

分析了这些原因后，我开始调整阅读方案：

首先，每一本书阅读2～3遍。第一遍引导他看图说词，如在读《菲比的星星魔法棒》时，第一次提“星星魔法棒”时他没反应，第二次提“星星魔法棒”时他也没反应，第三次还没等我说，他就抢着说出来了。第二遍阅读的时候，我准备了一些问题，从我引导他读图慢慢地转变为他主动在图中寻找答案。第三遍阅读的时候，我讲故事，他用手指指出我讲到的故事画面。在阅读中积累词汇的办法是非常有效的，到后来他在其他的书里看到相同的东西时能立刻主动地说出来。

其次，增加睡前故事音频，随机循环播放。一个月后，小猪主动向我表达他的需求：要听睡前故事音频。还时常讲故事给自己听：“从前有只不睡觉的小猴子……”原来他是在复述自己听过的故事呀。

今年小猪上幼儿园后，语言学习的内容和环境更丰富了。每天跟着妈妈坐地铁往返于幼儿园与家，在地铁上听广播报站，没过多久，小猪在家玩地铁游戏时，就能把我们常坐的地铁站，从上车的站到下车的站，几乎一个不落地全部报完。

一段时间后，小猪对绘本阅读和每天发生的事都非常感兴趣，会不断地与我交流，口语表达的愿望非常强，表达能力也一天比一天强。回想当初，我那时真担心孩子得了“语言发育迟缓症”。其实我们只要找准原因，教育得法，慢慢来，就能静待花开。

故事分析

故事中的“小猪同学”在两岁前，是个语言发展较慢的“迟语”宝宝，让妈妈心焦不已。“小猪同学”会说一些简单的称呼，由此可知他具有正常的语言发展的生物基础，可能是出于其他方面的原因，比如心理原因、缺乏好的语言环境，或是学习和运用语言的机会太少等，导致迟迟不能连贯地说一句完整的话。妈妈对此进行了认真的分析，找出了相应的原因，并加以科学施教，最终使“小猪同学”的语言表达能力得到很大的进步。

语言的发生发展受语言获得的环境因素影响。对于儿童的语言学习，有学者认为：第一，儿童是通过对成人语言的模仿而学会语言的。只有好的成人语言刺激，才能使儿童有好的语言反应——模仿，从而获得好的语言发展。第二，儿童是通过不断的强化学会语言的。儿童的模仿性发音也是一种强化作用，最初的强化是个体偶然发生的动作，反应和强化只是一种时间上的关系，并非有意识、有目的、有意志的行为；接着强化依随是渐进的。当儿童模仿的发音与示范句的发音近似时，就产生了强化。通过这种逐步接近的强化方法，孩子最终学会非常复杂的句子。第三，在个人语言的形成过程中，一个词或一句话都可以具有刺激的性质，可以诱发出条件反应。比如：听到“下雨了”，就会联想到出门要带雨伞、有人被淋成“落汤鸡”，或是又闪电又打雷等。这种隐含的反应又可以成为刺激，引起新的反应。在外在的刺激和反应中间，有一系列因联想而引起的隐含的刺激和隐含的反应所构成的中介体系。这种中介体系说明了刺激和反应的传递性，孩子就是通过这种中介和传递进行学习的。

其实，婴幼儿语言学习发展的快与慢，受很多因素的影响，只要像故事中的妈妈那样找对原因，多陪伴孩子，与孩子多进行语言互动，就会有意想不到的收获。

给爸爸妈妈的教育建议

1. 给孩子多一点时间 有的家庭里，不同成员说不同的语言，比如父母说普通话，爷爷奶奶说方言。处于这种多语言环境下的孩子，在学习语言时，容易因一时的语言模仿无所适从，因为面对不同的家庭成员要模仿不同的语言，无法获得不断的强化，在刚开始学习时难以转换过来，造成延迟讲话的现象。同时，由于听不太懂，依靠一问一答式的语言互动和应答就会有困难，孩子会下意识地寻找肢体语言或重复动作来加强理解，取代语言功能，这也使得通过中介和传递进行语言学习的方法受到阻碍而减弱，影响了语言发展的速度。但多语言环境下的孩子也会对更多的语音、语调和语言更加敏感，听多了、积累多了、学习多了，自然就会在多种语言间自如地转换运用。

2. 与孩子多一些语言互动 语言学习是主动建构的过程。一方面，孩子会自行对周围人们提供的语言范型进行选择，能被理解、被模仿的语言范型才会被他们所注意，并有意识地加以模仿和练习；另一方面，孩子并不单纯地模仿成人的语言，他们会根据自己的需要进行创造性、变通式的模仿，也就是将听到的句子稍加变动，变成自创的语言进行表达。孩子语言学习是个性化、综合化的过程，还是一个循序渐进、逐步积累的过程。故事中的妈妈认识到“小猪同学”“迟语”还跟“语言刺激不够”有关，于是通过绘本，对简单重复性的语言加强重复性刺激，加深孩子对其的印象和记忆。如每一本书阅读 2 ~ 3 遍，随机循环播放“睡前故事”的音频，孩子上幼儿园后还有意识地将其语言学习扩展到社会生活中……这些做法都具有针对性，符合儿童语言学习的特点。

自我反思

1. 你认为孩子“迟语”都是相同的原因造成的吗?

____

____

____

2. 有人说“早走路的孩子会迟讲话”，你觉得有道理吗?

____

____

____

新闻我播报　世界真奇妙
——如何善用孩子的语言天赋

故事分享

女儿在幼儿园读中班开始，班上增设了一个新闻播报平台，老师会对每一个孩子播报的新闻内容进行讲解与总结。每周二上午是女儿播报新闻的时间，这已经成了固定节目。周一晚上，我们陪女儿一起看电视、网络新闻，关注这个大千世界不断变化的热点：球王民间挑战赛，“神舟十号”飞天、“蛟龙”下海、春晚、“两会”召开……看了 APEC 峰会新闻后，我也照例为女儿准备第二天的新闻稿，女儿看后嘟囔着问我：“爸爸，这个是读 A—P—E—C 吗？”这样的政治财经类新闻，小孩理解起来难度很大。但因为以前给女儿准备的一些事件的报道，女儿总说是“小儿科”，所以这一次在难度上，我决定给她加码。我打开电视机的新闻频道，关于 APEC 峰会的新闻报道很多。从电视新闻中，女儿知道了 APEC 是亚太经济合作组织的缩写，读音为 ei pai ke。

“各位听众大家好，今天是 11 月 4 日星期二，据腾讯网报道：2014 年亚太经济合作组织（APEC）领导人峰会将于 11 月 5 日至 11 日在北京举行……”这是女儿第二天要在班级新闻播报平台上播报的新闻节目。顺利地完成了新闻播报的练习，女儿又一次开心地笑了。我感到很欣慰，其实我并不看重她播报成人类新闻时对新闻内容的理解程度有多深，我关注的重点在于培养女儿学会关注时事新闻，而女儿自己关注的也不是新闻的内容，而是怎样把新闻播报得顺畅。

新闻播报平台不仅让孩子关注各地新闻，知道世界很大，扩大了知识面，也让孩子在识字与诵读方面得到锻炼与提高。通过小小的新闻播报窗口，大千世界这个万花筒让她们多了一份关注，多了一份遐想，多了一份好奇：我们生活的世界为什么会如此变幻莫测？为什么如此色彩斑斓？

班级新闻播报平台成功地实现了幼儿园与家庭的互动，让女儿得到了全方位的提升。

故事分析

故事中的幼儿园为孩子开设了一个新闻播报平台，孩子的爸爸又是教育的有心人，他充当起女儿播报新闻的撰稿人，还让女儿进行排练，使女儿有机会多次接触到“高能量”的语言，获得更好的语言发展。孩子的爸爸还准确掌握女儿的发展状态，当女儿能力提高，认为是“小儿科”时，爸爸又会及时为她加码，准备有一定难度的、有挑战性的材料，让她“跳一跳够得着”，不断努力，使语言表达能力得到不断的发展。此外，新闻播报的准备工作，使孩子对大千世界多了一份关注，获得了意料之外的有益的附加价值。

给爸爸妈妈的教育建议

1．找准孩子的“最近语言发展区” 我们常常习惯性地将注意力聚焦在口语表达能力较弱的孩子身上，花心思、想办法增强他们的口语表达愿望，提高他们的语言表达能力。而对天生具有良好语言天赋的孩子，父母往往认为他们的口语表达能力已经很好了，不太关注，这就使这些孩子在语言发展上缺少难度，没有挑战，处于“吃不饱”的状态，浪费了宝贵的语言学习的高速发展阶段。因此，父母要关注孩子的个体差异，根据孩子的发展水平，找准最近的语言发展区，根据语言发生发展的规律，选择适当的内容和方法，使孩子的语言能力获得更好的发展。例如：营造良好的语言学习环境和宽松、自由的交流氛围，找到一个孩子感兴趣的话题，让孩子多听多模仿、多应用交流，强化练习，可以运用一问一答的方式，发挥问句在答句中的中介和联想催化作用。

2. 让孩子多听新闻播报 新闻播报的语言一般为书面语言，要求在规定的时间内尽可能多地向听众提供有价值的信息，因此新闻播报稿都是经过反复推敲后的凝练、浓缩的语言，字字准确，能恰如其分、恰到好处地表现客观事物、表达思想感情，揭示信息的内涵。孩子语言的发生发展，受语言获得的环境因素影响。让孩子多听新闻播报，就等于给孩子提供更多的模仿、强化和中介的机会，学习和迁移专业播报者怎样用优美的声音和巧妙的表述，赋予新闻信息以美感，因此，多听新闻播报是促进语言发生发展的一条捷径。

3. 让孩子学习不同的新闻口语 不同新闻口语的语言类型也不同。例如：新闻类语言要求简洁明快、准确严谨，表达时爱憎分明、刚柔相济、严谨生动、亲切朴实，同时语气郑重大方、新鲜感突出、感情饱满而质朴；综艺娱乐类语言要求热情真诚、幽默风趣，同时语调要亲切自然，不能矫揉造作；生活类新闻语言要求深入浅出、耐心细致，富于生活气息，播讲自然亲切、平易近人、轻松平和、娓娓道来；交流谈话类语言要求坦率真诚、以情感人、轻松幽默、自然平易，随意而不拖沓。父母引导孩子关注各地的各类新闻，不但能扩大孩子的知识面，也能让孩子在识字和语言艺术表现力等方面得到锻炼与提高。

自我反思

1. 对语言能力较强的孩子，除了赞赏之外，父母还可以做些什么？你有哪些经验或设想？

2. 故事里的爸爸给孩子选择了孩子并不太理解的财经类新闻，你觉得这种选材是否适当？

____

____

____

3. 试着分析一下，幼儿园开设新闻播报平台，除了促进孩子语言表达能力的发展，还会有哪些教育价值？

____

____

____

点滴积累学方言
——怎样帮助孩子学习和掌握方言

故事分享

在幼儿园家长会上，老师提到教育部颁发的一份科学育儿的导向性文件《3—6岁儿童与学习发展指南》。从语言领域中，我们知道了3～6岁是幼儿语言发展的最好时期，必须把握好他们学习语言的黄金时期。

由于工作的关系，我们生活在以客家语言为主的方言地区，然而我们是潮汕人，也有自己的地方语言。让孩子多学一种地方语言，便多了一项技能，以后便有更广阔的天地和发展空间。

出于这种想法，在儿子很小的时候，我们便开始帮助他进行地方语言的一系列“学习与练习。例如平时跟他说话时用潮汕话，让他多听，辨别发音；讲故事的时候也用潮汕话，让他慢慢地学习语句；看图书时用潮汕话去朗读，让他感受地方语言的美。刚开始儿子只是被我抑扬顿挫的声音吸引，到后来慢慢地能明白我所讲的意思。为了能听懂更多，儿子用心地听，慢慢地变得更加专注。在儿子刚学讲话时，为了让他掌握潮汕话，我们教他一个字、一个词地练发音，再到一个句子。这样不停地练习了一年多，在他3岁时，终于能够用完整的潮汕话来跟我交流了。

回到老家时，儿子所说的潮汕话已经和当地的小朋友无异了。这和他从小多听、反复听，一点一滴的积累以及学习、练习是分不开的。我周边有好些同事、朋友，受到所在地区环境的影响，孩子只会讲当地的话。我想，既然自身有这种资源，为何不好好利用呢？这能为你的子女以后的发展创造更多的条件。当然，这个过程是比较艰辛和漫长的，需要父母付出耐心、细心，甚至是用自身的行动去影响孩子。后来，由于上幼儿园的需要，我又用这种方法训练儿子讲普通话。在儿子上幼儿园时，普通话、客家话、潮汕话他都讲得很顺溜了。

常忆起往昔，为了让儿子多讲话，我们经常进行角色扮演，卖菜、卖猪肉、扔枕头，输了便讲故事、编故事，让他在快乐中完成口头表达和逻辑思维的训练。

现在，儿子还有不到一年的时间就要上小学一年级了。到时他将会面临课业的负担，我一直在想，如何让他更轻松地学习、更大量地阅读，更主动地读经典、读名著。这必然是个既漫长又艰辛的过程，它除了需要我们做父母的用心去引导外，更需要我们用坚强的毅力，用我们的情怀去感染、熏陶孩子。

父母是孩子的第一任老师，愿我们的教育如春雨般润物细无声，有心而无痕！

故事分析

语言既是我们民族文化的载体，也是文化的重要组成部分。我国国土辽阔，形成了各种地域文化，通过地方语言沉淀、记载和传承，地方语言与地域文化已经融为一体。生活在某一个地域的人们，通过让孩子学习和掌握地方语言来使孩子对自己所在地域的文化产生认同感。因此，地方语言的学习与掌握对于孩子来说是重要的。故事里的家长看到了这一点，于是从孩子很小的时候就开始帮助孩子进行地方语言的练习，虽然是在另一个方言地区中，但通过不懈的努力，还是让孩子熟练地掌握了家乡的地方语言。

给爸爸妈妈的教育建议

1. 给孩子提供学习地方语言的环境 第一，多让孩子听地方语言。听很重要，听是一切语言学习的基础。听得多了，孩子对地方语言的发音就有更多的积累和储存。第二，日常生活中多与孩子讲地方语言。生活语言是孩子最容易学习和掌握的。生活语言结合生活情境，反映的事情都是孩子的身边事，是孩子常常可以看到、摸到的事物，对孩子更有吸引力，对其学习语言更有意义。第三，多用地方语言念儿歌、讲故事给孩子听。学习语言，兴趣很重要。儿歌、故事中有许多孩子感兴趣的动物、人物、事物等，能让孩子更加主动地学习语言。同时，儿歌、故事中的语言很优美，极富文学性，能让孩子学习到更多积极的语言。

2. 通过多种方法提高孩子学习语言的积极性 父母应创设和谐、平等的氛围，采取多样的方法激发孩子的学习兴趣。例如“听指令做事情”，以游戏的形式给孩子一些小任务，或要求孩子按指令做一些相应的动作，在锻炼孩子倾听能力的同时也锻炼孩子对语言的理解能力。又如“传话筒”，根据孩子的年龄特点和水平说一句或一段话，让孩子复述；“听故事”，在听故事前提出几个问题，让孩子在倾听故事后回答问题；“说相反”是一个练习倾听专注力和反应能力的游戏，父母说一个词，孩子讲出相反的词或做出相反的动作。

自我反思

1. 《指南》里关于孩子语言发展的教育建议是什么？

____

____

____

2. 你对孩子学习与掌握地方性语言有什么看法?

____

____

____

3. 你对孩子学习倾听有哪些自己的做法?

____

____

____

第三章

阅读兴趣的激发

对孩子来说，阅读是一种游戏和享受的过程。事实上，在儿童的成长过程中，求知学习和游戏之间是很难截然分开的。因为，游戏是孩子基本的权利和最基本的活动，也是孩子学习的主要方式之一。

因此，孩子的阅读，是借助于生动活泼、色彩丰富的图像，以及朗朗上口、反复出现的语言文字，在成人的帮助与指导下，理解低幼读物内容的一种“视与听、说与玩”相结合的过程。

从心理学的角度看，在孩子与图书互动的过程中，有着一种需要和满足的关系。如果孩子的某种需要，在一本图书中以一定的方式得到了满足，那么这本图书自身的价值就在满足孩子需要的同时体现出来了。这种建立在孩子与图书之间的互动关系，就是孩子阅读图书的价值。

父母可以利用各种有趣的、可活动的、立体的图书和辅助性玩具来吸引孩子，让他们一边看书一边操作可活动的画面；或者提供与图书有关的头饰和道具，让孩子扮演书中的角色，把故事的情节表演出来；或者让孩子把自己听到的故事，用绘画、剪贴等多种手段表现出来，这有利于他们对图书内容的理解，有利于他们在表达中学习，在表达中发展。

而当孩子能把自己所看到的事物用图画、剪贴、文字等更多的手段表现出来时，他们在边玩边读的过程中，就自然而然地得到一种快乐的情绪体验。游戏和玩乐就会作为一种强化剂，使孩子在图书和阅读活动之间建立起沟通的纽带，逐步形成“我会读”“我读懂了”“我想读”“我也会写书”等积极态度，不断提高阅读兴趣、阅读能力以及创造力。

“悦”读陪伴成长
——如何对待孩子的早期阅读行为

故事分享

女儿第一次与书亲密接触，是在出乳牙时。那时大多数时候是奶奶在照看她，做家务时只能把她放在地板上，随手丢几本书给她玩。彼时她正要出乳牙，牙龈痒痒的，捧着书便往嘴里送。古今人皆说“啃”书，可见是人之天性使然，小女便是明证。可怜那几本书，其中有一本是妈妈买的《格林童话》，封面是白雪公主。白雪公主的后母没有办法难为白雪公主，没想到白雪公主却被这小丫头啃得“满脸”皱痕，狼狈不堪。奶奶看她“啃” 得起劲，便坐在一旁观赏，看到有趣处哈哈大笑。女儿见奶奶笑得高兴，也跟着“嘿嘿”直乐，“啃”得更加起劲。一老一少，笑得前仰后合，啃得不亦乐乎，各得其所，其乐融融！

此后，我们买了一些儿童故事书，先由我读给她听。我拿着书读，她好奇地听，并会不由自主地伸头过来看，我便指着书上的文字读给她听。这样的年龄，当然不会冀望她学得什么字，我只是想帮她建立一种意识：书本里有着有趣的东西。有一次，我们都有事忙，便把她丢在一边自个儿玩。不久听得一阵模糊不清的“读书”声，我们过去一看，原来小丫头正拿着一本书，装模作样、一本正经地学爸爸读书。当然，不识字的她用的是我们谁也听不懂的“火星语”。这样的情况持续了很长一段时间。

女儿两岁多，读故事的任务由妈妈接手。妈妈读故事时会声情并茂，加入动作，比如读到大灰狼故事，便装腔作势地张牙舞爪，吓得女儿直往妈妈怀里钻。妈妈停下来，小丫头小心翼翼地探出头，怯怯地问："大灰狼走了吗？"妈妈急忙安抚她，接着又往下读。女儿长大一些后，再听到大灰狼，便摩拳擦掌，欲上前与之厮杀一番，救出可怜的小羔羊。此时便见得床上一"狼"一孩，翻滚扑打。有时小丫头"打"不过，便大呼"爸爸救命"，在一旁观战已久的我，迫不及待地加入"大战"，人呼"狼"嚎，场面蔚为壮观。之后每到入夜，女儿早早上床准备，并提醒督促妈妈讲故事时间到了。妈妈若不按时到位，她还一脸正经地批评妈妈要专心一点。那段时间里，她每次都要点大灰狼故事，于是人"狼"大战夜夜上演。当然，在故事演绎中，邪恶总会受到惩处，善良总会得到伸张。与女共读，乐意无穷，其趣泱泱，其情洽洽！

故事分析

故事里的小女孩第一次接触书是在刚出乳牙的时候，那时她正处于口手敏感期，喜欢用嘴巴和小手来探索世界和认识事物，因此，她喜欢把书放进嘴里使劲啃，这是她对书的最初的感知方式。慢慢地，小女孩进入"假装阅读"期，开始会拿着一本书，模仿大人给自己讲故事的情形，嘴里念念有词。"假装阅读"是孩子阅读的一个阶段，对于孩子的成长弥足珍贵。随着年龄的增长，她从"假装阅读"逐渐过渡到真正阅读，开始体会到阅读的乐趣。

孩子多大年龄可以看书？这是很多父母经常思考和询问的问题。其实，这没有普适性的答案，因为每个孩子偏爱的学习方式是不同的。有些孩子是运动型的，喜欢在活动中探究；有些孩子是听觉型的，喜欢听讲故事；有些孩子是视觉型的，可能会较早地表现出阅读兴趣。

严格来说，从孩子一出生甚至在妈妈肚子里就可以开始阅读了，因为孩子在母亲怀孕的后期和出生时已经具备视听觉功能，可以听到父母发出的声音。只是在孩子刚出生的头半年，大部分父母都把精力放在了宝宝的吃、喝、拉、撒、睡等方面，很少想到要与宝宝共享阅读的乐趣。

有的父母在孩子还没出生时就经常拿着书给肚子里的孩子读儿歌、讲短小的故事，虽然这个时候孩子还没有直接接触书，但是他已经无意识地开始倾听了。倾听也是前阅读的一种能力。父母经常给孩子读儿歌、讲故事或是聊天，都有助于孩子阅读能力的培养。

给爸爸妈妈的教育建议

1. 以平常心对待孩子“破坏”书的行为 在孩子年幼的时候，啃书、扔书、撕书和乱翻书都是普遍的现象。对于这些行为，有的父母考虑到油墨有毒，吃进嘴里会影响孩子的健康，因此不让孩子过早地接触书；有的父母认为孩子“不爱护书”，为了避免孩子养成“破坏”书的习惯，便以训斥或轻打小手的方式制止孩子；有的父母以此判断孩子“不喜欢书”“不爱看书”，以后或许不爱阅读，于是担心不已，急于纠正。其实，这些行为只是孩子在成长过程中的必经阶段，与孩子的身心发展特点有关。父母应当以宽容、平常的心态去看待孩子的这些行为，并做好相应的准备。例如在孩子喜欢啃书的年龄段，选择专门设计的可以咬的玩具书，并经常清洗；在孩子喜欢撕书的时期，选择撕不破的玩具书，或者给图书穿上“保护衣”。

2. 鼓励孩子的“假装阅读” 从孩子的阅读心理发展看，“假装阅读”是孩子阅读的一个阶段。孩子在一岁多到两岁时，会经常模仿成年人给自己讲故事的情形。这一年龄阶段是他们的“假装阅读”期，并且会持续很长一段时间。爱阅读的习惯往往是从“假装阅读”开始的。对于孩子的“假装阅读”，父母应当不打扰、不阻止，让孩子沉浸在这种自娱自乐中。父母也可以当一名听众，专注地倾听，给予孩子欣赏的眼光和鼓励的掌声，孩子会因为父母的肯定更加兴奋，更加喜欢这种阅读。即使孩子“假装阅读”的时间持续得较长，父母也无须担心，随着成长，孩子会慢慢地从“假装阅读”过渡到真正阅读。

3. 用游戏化的阅读培养孩子的阅读兴趣 爱游戏是孩子的天性。游戏时，孩子的认知、记忆、思维和有意注意等方面的状态都会比平常好。因为在放松、愉快的游戏情境下，孩子的主动性、想象力和创造欲会更容易被激发。当孩子对书中的故事产生了强烈的情感共鸣时，他们常常会用身体动作等方式做出回应。在游戏情境中，孩子会和父母互动，分享各自对故事的不同见解；或是边阅读边用自己独特的动作或简短的语言予以回应，这也是孩子表达自己对故事的理解的方式，这能促使孩子更深入地探究绘本。故事中的“妈妈”在给孩子讲故事的时候，使用的就是游戏的方式：用声情并茂的语言，并加上各种肢体动作，一会儿变大灰狼，一会儿变小白兔……孩子时而害怕，时而兴奋。从孩子的表现中，我们可以发现，她已经进入到故事的情境中，甚至代入了角色。可见，把阅读活动和游戏活动相结合，能使孩子在轻松愉快的环境中产生对阅读的热情。因此，父母可以结合孩子爱游戏的特性，和孩子一起快乐阅读，使孩子在说、猜、做、比等生动活泼的游戏中，培养阅读的兴趣。阅读的一个潜在功能就是阅读过程能够被游戏化，这种“游戏化”的互动娱乐的体验，让孩子们更亲近阅读。

自我反思

1. 你认为孩子开始阅读的最佳时期是什么时候？

___

___

___

2. 你理解孩子“啃”书的行为吗？父母应该制止这种行为吗？

___

___

___

3. 为什么孩子明明不认识字，却会装模作样地读书?

4. 故事中的家庭每天晚上上演的一幕幕精彩大战，在你家会出现吗? 你认为这样的氛围对孩子阅读有何作用?

快乐共读　培养能力

——如何提升孩子的阅读质量

故事分享

由于工作原因，我们夫妻俩在家经常要看书、查资料、写论文，等等。随着女儿一天天长大，她越来越喜欢过来“凑热闹”，要和我们一起拿书看看、拿笔画画。女儿大约2周岁时，有一次，她翻着绘本，突然指着一个“一”字问我：“爸爸，这个是什么字？”我伸出一根手指对她说：“是‘一’字。”她也学着我伸出一根小手指，若有所悟地说：“‘一’字。”“爸爸，这个字要怎么读？”“妈妈，这幅图片讲的是什么意思呀？”看着她一本正经的样子，我们觉察到她对书越来越感兴趣了，于是决定陪她开启阅读之旅。

在绘本亲子阅读过程中，我们经常和女儿进行对话和交流。在读诗歌《秋天的颜色》时，女儿突然说：“那菊花、枫叶有没有问春天是什么颜色的呀？”我们觉得女儿难得这么爱学习，无论如何都得解答她的疑问。偶尔我们也会针对一些图片、一些情节向女儿提问。我觉得再忙再累也要给她营造一个互动学习的天地。

不知从什么时候起，女儿开始着迷于一家人听故事做游戏。如读完《大狮子和小老鼠》，女儿说：“爸爸，你快躺下，小老鼠要爬上你的鼻子啦。”我就假装躺在地上睡着了，女儿整个人趴到我的身上。过了一会儿，我故意打了个大喷嚏，女儿“咕噜噜”滚了下来，全家人一阵开怀大笑。这个过程不仅让女儿学到了知识，同时也让我们的爱在这一刻有了另一个层次的交流。

故事分析

孩子的行为充满情绪色彩，极易受成人感染。父母与孩子共同阅读，交流各自的感受，讨论故事的情节，回答孩子的提问，可以使孩子加深对图书的理解，启迪思维，积累语言，进一步激发阅读兴趣。故事中的父母在亲子阅读过程中经常和孩子进行对话和交流，在交流中掌握孩子的思想动态，及时给予正确指引。例如在读诗歌《秋天的颜色》时，孩子提出问题“菊花、枫叶有没有问春天是什么颜色的呀”，这就为下一步的交流和探索埋下伏笔。父母可以在阅读材料的基础上进一步挖掘，和孩子共同探索春天、夏天和冬天的颜色。

由于3～6岁的孩子在阅读中往往存在以下问题：

第一，阅读没有目的性，比较盲目。拿到一本书，往往只是粗略地翻一翻，或只看自己喜欢的画面。

第二，阅读习惯差，没有爱护图书的意识，撕书、卷书的现象比较多。

第三，注意力时间比较短，一般只有5～10分钟。

第四，阅读能力比较欠缺，有的孩子不会一页一页翻书，不会从前往后翻，不认识书的结构等。

因此，除了与孩子交流图书的内容外，父母还可以通过帮助孩子掌握阅读的基本技能和方法，建立良好的阅读习惯，提升孩子的阅读质量。

给爸爸妈妈的教育建议

1. 帮助孩子掌握阅读的基本技能和方法 阅读有一定的基本技能和方法，父母帮助孩子掌握这些技能和方法，能有效地提高孩子阅读的质量。

（1）按页码顺序看书。引导孩子按页码顺序翻阅图书并养成习惯。

（2）按从左向右、自上而下的顺序看书。在看书过程中，让孩子感受到图书是一页一页组成的，看书需要一幅图一幅图有序地接下去看，才能知道故事内容。

（3）提高对阅读内容的理解力。指导孩子观察每幅画面上的人物、动物形象，理解前后画面的联系。

（4）将阅读经验运用于新的情境之中。创设和利用各种环境及条件，引导孩子将已获得的阅读经验运用于新的情境之中。如春天到了，带孩子到户外欣赏春景，在大自然的怀抱中，引导孩子根据已有的经验，用规范、准确的语言来表达自己对春天的感受，并将这些感受用图画故事书的形式表现出来，以达到经验迁移的目的。

2. 运用多种形式进行亲子阅读 亲子阅读不是单纯地朗读故事，它还可以围绕多种形式来深入展开，促进孩子对阅读内容的理解。

（1）表演故事。孩子和父母一起扮演书中的角色，可以学习书中简单的对话，或者自主创编新的故事情节，在愉悦、欢乐的氛围中加深对故事的体验，同时也能促进亲子之间的互动和沟通，让彼此的感情更加亲密。

（2）排图活动。为孩子提供一套打乱顺序的图片，鼓励孩子在看懂图意的基础上，根据故事内在的逻辑规律以及自己的理解分析，将图片按顺序排列。

（3）图书制作活动。让孩子尝试把自己想说的故事画成一页一页的图，或从废弃的图书上剪下自己需要的图片，孩子口述后，父母帮忙配上文字，加上封面、封底，然后订成一本图书，带到幼儿园和好朋友相互介绍、交流自己的作品。

（4）图画日记。鼓励孩子将自己一天中的见闻、感受等，以图画的方式记录下来，父母可以在旁边配上文字。

3. 帮助孩子养成良好的阅读习惯 良好的阅读习惯可以使孩子受益一生。但习惯的形成不是一蹴而就的，需要经过反复练习。

（1）父母与孩子一起看书时，应与孩子同一个方向，可以让孩子坐在父母的怀里或身边，便于他识记看书的顺序，模仿翻书页。

（2）每天保证阅读的时间，让读书成为生活的一部分。父母可以引导孩子自己计划好每天阅读的时间或内容，例如每天阅读半个小时或每天看一本书、讲一个故事，并持之以恒。值得注意的是，阅读时间应根据孩子的兴趣与身体状况来定，切勿强求，否则会产生相反的效果，使孩子对阅读丧失兴趣与信心。

（3）营造家庭阅读氛围。例如规定每天晚上八点到九点是家庭阅读时间段，这个时间全家人不看电视、不打电话、不玩手机。作为父母要以身作则，自己也要养成阅读的习惯，并有意识地与孩子交流阅读心得。在耳濡目染的情况下，孩子自然也会养成良好的阅读习惯。

（4）父母可以利用周末等空闲时间，经常带孩子到图书馆、阅览室看书，感受安静的氛围，了解一些图书馆的借阅方式，感受和模仿成人阅读的方式，使孩子懂得在看书时不大声喧哗，不随便打扰别人。

（5）要有耐心，尊重孩子的重复阅读行为。阅读习惯不是一天两天就能形成的，需要时间的积累，需要父母不断激励孩子。尤其是年幼的孩子，需要更多时间来认识与记忆、回忆。因此每幅图要让孩子多看几遍，一个故事可以多讲几遍。当孩子看到熟悉的画面时会有一种喜悦与兴奋感，这能激发他进行更深层次的思考。

自我反思

1. 你是如何面对孩子提出的“疑难”问题的?

____

____

____

2. 怎样促进、增强孩子对阅读内容的理解?

____

____

____

3. 有哪些良好的阅读习惯有助于孩子阅读能力的发展?

____

____

____

共享亲子阅读的温馨时刻

——如何进行故事表演

故事分享

在以色列，每个孩子出生之后，父母都要将蜂蜜涂在书上，让孩子吮吸，感知书籍是甜的，这样孩子会将阅读作为一生的爱好。的确，让书籍陪伴着孩子成长，让孩子喜爱阅读，就如同在孩子的心灵里种下了一颗爱学习的种子，将来也一定能生根、开花、结果。与孩子一起进行亲子阅读，无疑是增进父母与孩子情感的最好方式，它常常会给我们的家庭生活带来许多温馨和感动。

因为绘本的内容、对象、形式不同，为了使阅读更加有针对性，我和先生在陪宝贝阅读时会有一些分工。当宝贝选择了绘本《我爸爸》的时候，我就把这个“光荣的任务”交给爸爸。宝贝坐在爸爸的腿上，窝在爸爸的怀里看书，这是多么温馨的场景！故事里的爸爸像一个“变形金刚”，有时像房子一样高大，有时又像泰迪熊一样柔软；他敢跟大力士摔跤，又是个伟大的舞蹈家、歌唱家；宝宝不开心时，爸爸又变成滑稽的小丑，逗得宝宝哈哈大笑。为了让宝贝更好地理解这本书，爸爸一边讲一边模仿书中爸爸的动作，一会儿扮鬼脸做小丑，一会儿像猩猩一样捶胸挥拳，展示强壮的一面……到了书的结尾部分，爸爸把怀中的宝贝抱得更紧了，对宝贝说：“爸爸永远爱你！”宝贝先是一愣，继而也学着爸爸的口气说道：“爸爸，我也爱你！”爸爸脸上的笑容是多么满足啊！虽然平时爸爸跟宝贝玩得也很疯狂，但是不会开口对孩子说爱，讲故事的时候却被带入书中，不经意地流露出对宝贝的那份来自心底的爱。宝贝不仅从绘本中知道“我爸爸”有那么多的本领，更因为拥有疼爱自己的爸爸而感到自豪、骄傲！

确实，亲子阅读不仅是父母和宝贝一起读一本书那么简单，它像一根无形的纽带把家人紧紧地连系在一起，为一个小故事感动，为一句有趣的话共同欢笑。记得有一次，我们正在读故事《拔萝卜》。读着读着，宝贝突然跑去打开电视机，原来她要播放《拔萝卜》的歌曲。伴着歌曲，我们愉快地阅读完了整本书。宝贝觉得还不够尽兴，她把自己的摩托车推到客厅中间当萝卜，开始表演《拔萝卜》。在自己表演的过程中又发现光她一个人演，角色无法完成，就邀请全家人一起来表演。于是爸爸、妈妈、宝贝、爷爷、奶奶，还有她的“小猫”“小狗”玩具一齐上阵“拔萝卜”。当“萝卜”终于被大家拔出来的那一刻，全家人都仿佛回到了童年时代，忘记了自己的年龄，成了快乐的孩子。在欢声笑语中，浓浓的亲情洋溢在心中……

一路走来，我们享受着陪宝贝阅读带来的乐趣。书本为宝贝打开了一扇奇妙的智慧之门，带她走进了一个充满梦幻色彩的童话世界，让她学到更多的知识，同时也为父母创造了与宝贝沟通的机会，让宝贝在轻松愉悦、温馨的环境里快乐成长。

故事分析

在这个故事中，父母在与孩子亲子共读时，有意识地根据图书的内容、对象、形式进行了分工，例如让爸爸来读《我爸爸》，边读边做出形象、夸张的动作，让孩子身临其境，体会到了故事中所蕴含的乐趣，也深刻感受到了爸爸的爱。在父母积极投入的陪伴阅读中，孩子也学会了发挥想象力，用故事表演的方式把自己喜欢和理解的故事再现出来。

故事表演是孩子和父母在阅读故事图书后，通过扮演角色的方法把图书中熟悉的故事或个别情节内容表演出来。通过故事表演，孩子能对故事里的角色和角色所遇到的事物等有进一步的了解，并在扮演中逐步加深对故事内容的理解。同时，孩子学习角色的对话和故事里的语句，对提高他们的语言表达能力、文学学习兴趣、文学修养也有一定的促进作用。

由于孩子的生活经验、知识水平有限，他们对文学作品里的事物、人物等，总有一种代入的心理，不能很好地区分现实的和虚构的故事，因此在故事表演时，他们会很投入地去扮演故事里的角色，这无疑是一个很好的体验过程。孩子有机会去经历角色所经历的事，体会一些平时少见或曾经有过但又不够深刻的感情，是很有意义的。此外，孩子会把自己的一些生活经验、自己对故事的理解渗透在扮演过程中，他们对事物的不同认识以及各种情绪也能在这里得到表达。

给爸爸妈妈的教育建议

故事表演是阅读之后能在很长一段时间里进行的延伸学习方法，它对孩子的言语、思维、理解和表达等综合能力的发展有很大的促进作用。因此，父母可以引导孩子在听完故事后表演出来。

首先，选择一本好的故事书。故事表演需要一定的故事情节和角色，因此选择一本好的故事书很重要，不仅会影响孩子对故事的理解，也会影响他们的扮演行为。第一，对年龄幼小的孩子，父母应选择以 1 ~ 2 个角色为主的故事，不管是动物还是人物故事，最好有宝宝和妈妈，这样容易引起孩子的情感共鸣。第二，故事中最好有重复的句子或重复的语段。这样能降低角色扮演时对话的难度，使孩子较快地掌握故事。第三，故事的情节动作性强，有一定的变化，但变化应有规律，以方便孩子进行表演。

其次，帮助孩子熟悉故事内容。在进行故事表演前，孩子需要先熟悉故事的内容，了解故事的发生、事件的发展和角色的对话等。父母可以通过讲故事、讨论故事情节等方式来帮助孩子熟悉故事内容。要注意的是，孩子要顺利和逼真地表演故事，模仿角色动作、学习故事里的语句是关键。

再次，制作简单的表演道具。故事表演需要一定的表演道具。父母可以制作一些简单的表演道具，例如制作一些头饰和服装，让孩子戴上头饰，穿上服装。这样不但能引起孩子扮演的兴趣，也能加深他们对故事的理解，让表演更加有趣、逼真。

最后，引导孩子进行表演。当孩子熟悉了故事的内容，有了表演道具后，父母就可以引导他们进行故事的表演。父母应把介绍故事情节的过渡性语句部分先讲出来，等到有角色对话时，再让孩子去说。对于年龄小的孩子，父母可以和他们一起说对话部分，或者父母也担任其中的一个角色，与孩子一起进行角色对话，再慢慢地过渡到孩子独自表演。

自我反思

1. 你与孩子共同阅读时有过什么样的温馨场面？

______

______

______

2. 你会与孩子一起扮演故事里的角色吗？

______

______

______

3. 孩子喜欢扮演图书里的故事角色吗？

______

______

______

4. 图书阅读后的角色扮演应注意什么？

______

______

______

有效阅读让孩子爱上阅读

——如何使孩子的阅读效果更好

故事分享

每位父母都是孩子的启蒙者，也是孩子毕生的老师。如何通过引导孩子有效阅读来激发孩子的阅读兴趣呢？我在此浅谈一下自己的经验和看法。

很多父母为了让孩子爱上看书，买回很多精美的图书摆在家里，但孩子却总是没有拿起书来看的兴趣。为此，父母们都感到很着急。仅仅是把书摆放在家里就想让孩子自己养成看书的习惯，那是不可能实现的。父母必须对孩子进行引导，陪同和指导孩子看书。

首先是和孩子一起谈论图画。为了使孩子养成爱动脑的好习惯，父母应对孩子多提出一些问题，让孩子来回答。孩子最初的阅读方式是用“耳朵”读书，主要依赖于父母的朗读。例如，我给睿睿读《小白兔与大灰狼》的故事。当读到大灰狼敲小白兔的门时，我突然停下问他：“大灰狼来了，小白兔怕不怕？这时候应该怎么办呢？”这给了睿睿一次想象的机会，让他充分发挥自己的想象力。通过这一方式，不仅能促进孩子观察能力和想象力的发展，而且阅读中把图、文、字结合起来了，有助于孩子对一些汉字的理解，可以帮助孩子在阅读过程中掌握一些简单的常用字。有了正确的引导，孩子能从中体验到阅读的快乐，从而产生再阅读的愿望。而父母抓住时机，对孩子良好阅读行为进行强化，将收到事半功倍的效果。

其次是和孩子一起做阅读记录。将孩子的读书成长经历记录下来，不但非常有趣，而且对引导孩子阅读很有帮助。最简单的记录是记下每个阶段孩子读过的书，仅仅列出时间段和书名，就已经很有意义了。有时还可以用有趣、直观的形式来记录，例如让孩子根据阅读内容画一幅画、用笑脸来表示喜欢程度，等等。更为细致的记录还可以包含阅读的方法和孩子的阅读反应，如对某些书的好恶、读某些书时提到的有趣问题、对某些书的评语、读完后的感想，等等。父母可以时常翻出这些记录来分析孩子的阅读发展情况，孩子也可以从这些记录中重温当时的快乐情景，进行重复阅读或延伸阅读。

培养孩子从小爱好阅读，就等于给他们打开了一扇通向世界的大门。穿过这扇门，孩子能够获取无穷无尽的知识，经历多姿多彩的旅程。想要让孩子养成爱看书的好习惯，就得让他在书中找到乐趣和成就感。这不是一朝一夕的努力可以达成的，需要父母每天抽出一些时间陪伴孩子阅读，需要父母给予孩子更多的引导和关注。父母只要用心，就可以让孩子深深爱上阅读，插上阅读的翅膀，自由翱翔。

给爸爸妈妈的教育建议

1. 为孩子选择合适的图书 父母在为孩子选择图书时，可以从以下几个方面考虑。

第一，角色形象。孩子喜欢既卡通化又不太失真的、拟人化的动物形象。色彩鲜艳的动物形象不仅给孩子一种亲近感，还能帮助孩子理解图书内容。孩子通过拟人化动物形象的各种动作、神态，基本上能猜出角色在做什么，同时在父母的提示下，结合画面理解故事的内容。这正符合孩子在感知事物时只看表面现象、只凭感性和直觉进行认识活动的直观形象思维特点。

第二，图书的内容。童话故事书和动物故事书是孩子最喜欢、能较长时间集中注意力看的图书。以简短句子为主、有简单情节的故事书，容易被孩子理解。由于孩子还不能很好地把自己与外界事物分开，因此那些能“再现”其生活的图书内容，更能引起他们的“物我同化”

的共鸣。

第三，图书的语言。动作性强的、有重复句子的、有朗朗上口儿歌的图书都很受孩子的欢迎。在阅读图书时，有90%以上的孩子喜欢伴随着各种简单的动作，跟着念书上的儿歌和故事。心理学研究认为，2～3岁是掌握基本词法和语法的关键时期，图书中直观形象性强、可重复使用的词句，在儿童注意、记忆、学习语言的过程中起着重要作用。

第四，图书的制作形式。图书的结构、造型、篇幅长短等，对孩子也有一定的影响。在实际阅读时，孩子更喜欢的是立体图书和活动图书，无论是自己翻书还是边听父母讲读边翻书，其情绪和专注的表现都比看其他书时好。因为这类图书满足了孩子操作和活动的心理需要。在操作图书的过程中，孩子对图书中变化着的画面有更高的感受性，能主动与图书产生相互作用，更好地理解图书的内容。

2. 与孩子一起做阅读记录 阅读记录是运用数学或图画等的方法，对所阅读过的图书进行相关的记录与统计，以帮助孩子学习归纳、总结阅读内容。阅读记录包括对图书故事人物、物品等的记录与统计，对图书种类、阅读数量的统计等。

这些阅读的记录与统计，能让我们了解孩子图书阅读的情况，对他们的阅读活动、阅读能力进行个性化的评估，更重要的是能培养孩子对自己的阅读进行自我评价，从而提高他们对图书的阅读理解和阅读效率，使他们运用美术和数学技能进行阅读学习，培养更丰富的兴趣和多样的能力，发展逻辑思维，养成做事方向明确、有条理的良好习惯，形成将来可持续发展的动力。

我们可以引导孩子从以下几个方面做好阅读记录。

第一，对图书的种类，按内容或表现形式等进行记录与统计。

第二，对所有阅读过的图书数量进行记录与统计（此种活动比较简单，孩子自己进行统计更有意义）。

第三，对图书中的人物或物品进行记录与统计。

第四，对自己喜欢的图书进行记录。

自我反思

1. 你是否注意到孩子阅读的有效性?

2. 你是如何引导自己的孩子阅读的?

3. 你的孩子对哪些方面的图书感兴趣?

4. 你打算如何与孩子一起做阅读记录?

每晚的温馨约会
——怎样和孩子讨论故事

故事分享

“小白兔醒来，睁开眼睛一看：‘咦！萝卜回来了！’它想了想，说：‘我知道了，是好朋友送来给我吃的。’笑笑，《萝卜回来了》的故事讲完了，好听吗？”

“好听。妈妈，我还想再听一遍。”

“好，妈妈再给你讲一遍。雪这么大，天气这么冷……”我又耐心地给女儿讲了起来，女儿的思绪也来到了那片白茫茫的雪地上……

“这个故事里有哪些小动物？”

“有小白兔、小猴子、小鹿、小熊。”女儿一边回想故事内容，一边认真地说着。

“你喜欢这些小动物吗？为什么呢？”

“喜欢，我觉得它们做得好。小白兔把萝卜给小猴，小猴把萝卜给小鹿，小鹿把萝卜给小熊，小熊又把萝卜给小白兔，萝卜就又回到小白兔那里了，真有趣。”

“你说得真好！小动物们发现食物后先想到朋友，关心朋友是否有食物。一根萝卜在小动物之间传递，朋友之间的友爱之情也在传递。你在幼儿园也会像小动物这样关心朋友吗？”

“会啊，小朋友画画时，忘带彩色笔了，我会借给他。”

“我的宝贝也是有爱心的孩子，妈妈喜欢你。现在，该上床睡觉了。”

这就是我和女儿每晚的温馨约会——亲子阅读。

自女儿一岁多开始，我就天天和她一起看图书，给她讲故事，一直持续到现在。也许她开始时听不懂，但她会安静地坐在我身旁，不哭也不闹。等她长大一点，我就要求她把听到的故事简单地复述出来，帮助她学习词汇及语句。慢慢地，我们开始有了简单的交流，相互讨论着图书里的内容。我相信这会为她今后的轻松阅读和学习打下基础。

讲故事是我对女儿最温暖的教育。故事教会了女儿许多做人做事的道理。善良的白雪公主、灰姑娘、神笔马良，恶毒的王后、贪心的财主、潇洒的王子……这些形象就像一颗颗种子，埋入女儿幼小的心田。女儿学习童话中人物的人格品质和道德、勇气，树立了正确的人生观，这比起单一的说教，更能让女儿受到教育。在亲子阅读中，女儿感受到了父母的爱，这是母女俩共同的经验，共同的语言。我愿与女儿共享快乐时光，陪她一起阅读、一起欢笑、一起成长。

故事分析

学龄前的孩子由于对文字不熟悉，缺乏各种知识经验，因此在阅读图书时常常会遇到这样或那样的问题和困难。孩子希望父母能为自己答疑解惑，希望父母在自己阅读遇到困难时能够“帮一把”，以顺利地往下阅读。讨论图书内容是父母指导孩子阅读图书的一个重要环节，也是孩子对图书进行探究、解决阅读中所遇问题的一个过程。父母与孩子一同围绕所阅读的图书，提出一定的问题，进行相关的讨论，能帮助孩子更好地理解和阅读图书。同时，这也是孩子与父母共同获取图书信息、共同构建有意义的亲子阅读关系的过程。

给爸爸妈妈的教育建议

关于阅读内容的讨论可以分为两种：一种是一边朗读或讲故事，一边和孩子进行讨论；另一种是在阅读前或阅读后进行讨论。而讨论时的设问，一般是以观察和描述、回忆和比较、联想与想象等类型为主。父母可以根据孩子的不同年龄，进行不同的提问和讨论，并注意各类问题的有机搭配。例如对于一本关于“猫”的图书的提问：

0～1岁，以引起观察为主。如“看，这是小猫。”“小猫在哪里？”“哪个是小猫？”

1～2岁，以引发观察和回忆为主。如“小猫在哪里？”“哪个是小猫？”“小猫怎么叫？”

2～3岁，引起观察、描述和回忆。如“这只小猫是什么颜色的？”“你在哪里见过这样的小猫？”“小猫是怎样叫的？”

3～4岁，引发观察描述、回忆比较。如“图书里的小猫是什么颜色的？”“你见过不同颜色的小猫吗？”“你见过的小猫是怎样的？和这只小猫一样吗？”

4～5岁，引导观察、比较、描述、联想和想象。如“图书里的小猫在干什么？”“我们家的小猫会这样吗？”“小猫还会做些什么？”“你希望小猫会做些什么？”

5～6岁，引导对事物的因果推理、对情节的假设，以及说出不同意见。如“图书里的小猫为什么要这样做？”“如果小猫不这样做，又该怎样做？”“你认为小猫在这个时候应该怎么办？”

自我反思

1. 你是否坚持每天和孩子一起阅读图书？

____

____

____

2. 你和孩子看图书时会进行怎样的讨论?

3. 孩子不理解图书的内容时，你会怎样做?

4. 你能找到哪些与孩子一起阅读的趣事?

让儿子爱上阅读四部曲

——怎样营造家庭阅读氛围

故事分享

“看书了！”吃完晚饭的儿子高兴地坐到了自己的书桌前，捧着刚到的《幼儿画报》，认真地看了起来。我欣慰地看着埋头于《幼儿画报》的儿子，柔和的灯光照射在他身上，给他镀上了一层淡淡的金色光辉，如同天使一般。儿子一手托腮，一手翻着书。他时而双眉紧蹙，时而眉开眼笑，完全沉浸在书的世界里。我和老公相视一笑，感到宽慰又自得。为了让总是上蹿下跳、调皮好动的儿子爱上阅读，我们可没少费功夫。

开始时，儿子不认真看书，我会罚他不准玩玩具，想不到却激起他的逆反心理，居然趁我不在偷偷地把书都扔掉了。唉，怎么才能让儿子爱上阅读呢？我苦思着对策。不能强迫！不要生气、着急！我不断地提醒着自己。

儿子喜欢听故事，每天总要我讲故事。我灵机一动，也许可以从这儿入手。于是，我搂着儿子温柔地说：“抱歉，宝贝。妈妈今天工作太多了，没来得及看书，没故事可讲哦。”无论儿子怎么纠缠，我都坚持。这是我实施计划的第一步：让儿子明白书的好处。

想不到，一个晚上就奏效了。第二天我刚下班，儿子就赶忙把我拉到书柜前：“妈妈，您快看书吧，晚上给我讲故事。”那天晚上，我连着给儿子讲了好几个故事，儿子心满意足地睡着了。

我乘胜追击，召开了一次家庭会议，实施计划的第二步：创设家庭阅读氛围。

又是一个晚上，我在儿子的要求下开始看书，其他人也都默契地捧起了书。儿子奇怪地问："你们是不是都要给我讲故事啊？"过了一会儿，一个人玩着没趣的儿子开始缠着我们了：

"爸爸，咱们玩打坏人的游戏吧？"

"不，这本书太好看了，爸爸想看书。"

"爷爷，你陪我玩捉迷藏吧？"

"不，爷爷在看书呢。"

无论儿子怎么央求，我们全家人都达成共识：绝不陪他玩。之后一连几个晚上都是这样。吃完晚饭后，我们大家都安静地坐着各自看书，儿子一个人上蹿下跳地玩玩具。我偷偷地瞄了瞄他，发现有时候儿子其实玩得有点心不在焉，他应该撑不了多久。果然，不久后的一天，当我们又捧起书的时候，儿子突然说："妈妈，我也想看书。"哈哈，计划初步成功！我心里暗喜，这可是三岁的儿子第一次主动要求看书啊！"我们一起看好不好？"这几天，我可随时准备着和儿子"亲子共读"呢。

接下来实施计划的第三步：亲子阅读。一连两个多月，晚饭后就是我们全家人读书的时间。灯光下，儿子依然沉浸在书的故事里。爷爷奶奶戴着老花眼镜，看着今天的报纸。喜欢玩手机的先生和我也都开始重拾多年未看的书本。

儿子坐在我身边读书已渐渐成为习惯，我们便开始实施计划的第四步：让儿子学习自己看书。先生把我们精心挑选的一套《西游记》绘本作为"六一"儿童节礼物送给儿子。这两个多月来，我们还一直陪着儿子看电视连续剧《西游记》，给他讲故事，儿子特别喜欢。收到礼物的儿子欣喜若狂，独自津津有味地看了起来。

让儿子爱上阅读的计划终于成功了！这是我们全家人一起努力的成果。如果没有家人共同创设一种读书的氛围，好动的儿子很难安静下来读书。很多时候，家人的"身教"比"言传"要重要得多。

故事分析

在家庭里营造书香氛围很重要。当孩子拥有一个属于自己的学习与阅读区域，当孩子有许多能满足他们需要和好奇心的图书，当孩子能得到成人的鼓励和指导时，他们就能成为热爱书籍、不断追求新知识的人，他们将是更加幸福的人。故事里的家长意识到这个问题，通过家庭会议达成共识，形成了引导孩子阅读的合力。

给爸爸妈妈的教育建议

1. 给孩子创设一个阅读空间 阅读图书最基本的物质条件有两个：一个是书，另一个是看书的地方。我们仅仅为孩子准备大量的图书是不够的，还应为他们建立一个有良好的光线、相对安静、舒适自然的图书阅读区域。父母在家里可以为孩子创设一个阅读区或阅读角，根据孩子的喜好和能力进行布置。

对于幼小的孩子，父母可以用色彩较鲜艳的软垫铺在地上，在低矮的墙边挂上布制的儿童画或儿童挂毯，再放上几个卡通的靠垫或柔软的玩具等，营造一个安全、温馨的阅读环境。父母可以抱着孩子或与孩子并排坐在一起阅读图书。

对于年龄稍大的孩子，父母可以把阅读区或阅读角与那些可以调整的儿童小书桌、儿童椅子、儿童书架或书柜等连为一体，给孩子一个独立的学习环境，孩子可以在那里看书、绘画等，也为将来的学习做准备。

2. 观察孩子的发展变化 在培养孩子的阅读习惯时，父母可以留意观察孩子的变化，在自己原有的基础上做进一步的计划和引导，有针对性地指导孩子阅读。观察孩子时主要注意以下几个方面：

第一，孩子的年龄和性别。不同年龄与性别的孩子有着不同的发展需要，在孩子需要的基础上才能更好地引导孩子。

第二，孩子的阅读行为。如对图书的爱护行为、翻阅图书的动作、看图书的时间、对图书的理解、语言方面的表达、非语言方面的表达，等等。

第三，明确观察的主要内容。这些东西对引导孩子阅读有哪些实际的意义？父母只有抓住观察的主要问题，才能更好地了解孩子和指导孩子。

第四，观察的方法。一般来说，家庭里对孩子进行观察多数用自然观察的方法，也就是让孩子在自然的状态下看书，父母从旁进行观察。

自我反思

1. 家庭对孩子阅读的影响有哪些？你的家庭在这方面做得如何？

____

____

____

2. 孩子好动，不能安定地坐下来看书，你有什么好的办法对他进行引导？

____

____

____

3. 你是通过什么方法了解自己的孩子的？

____

____

____

4. 如何看待孩子爱玩耍的问题？

____

____

____

让图书伴随孩子快乐成长

——如何激发及维护孩子对图书的兴趣

故事分享

回想自己这四年陪伴女儿的时光，我不由得感慨万千。多亏了有书相伴，我和女儿一起阅读，一起快乐成长。

记得女儿看的第一套书是《小熊宝宝》绘本。那时她才一岁多，根本谈不上看书，充其量也只是“玩”书而已。为了让女儿惊喜不断，我先拿了整套书的其中一本给她。见到新书，胖嘟嘟的小手就伸过来了，一翻就是好几页，也不知道她感兴趣的是什么，是颜色，还是图画？但是，没过几分钟，新书的封面就被撕破了。我一边为新书的遭遇感到心痛，一边在想办法应付那双顽皮的小手。专家们都说，撕书是一两岁儿童常见的行为。平时我已经准备了草稿纸给女儿撕，对于崭新的“精神食粮”，我可真舍不得让她撕。于是，我用透明胶纸将新书的边缘都粘了一遍，就像给书穿上了一件保护衣。这样一本一本地粘，虽然耗时，但是效果真不错，女儿不管怎么“玩”或是怎么看，书还是好好的。

后来，女儿不再撕书了，偶尔她还会从书架上找出这套《小熊宝宝》绘本，让我跟她一起读。这是女儿的第一套书，从另一个角度看，也是女儿交的第一个“朋友”。这个“朋友”借助可爱小熊的形象，用简单的图画讲述了很多有趣的故事，比如：《刷牙》这本书用几个小动物忘记刷牙的例子，告诉宝宝刷牙才能保护好牙齿；《排好队一个接一个》这本书告诉宝宝在玩耍中要排队，上厕所也要排队；《午饭》这本书用小熊和其他小动物一起吃午饭的故事，告诉宝宝懂得与别人分享……这个“朋友”陪伴了女儿很长时间，也教导女儿懂得了不少有用的道理。

两年多过去了，我给女儿的书架添置了不少书。书让女儿少了一些孤独，多了许多快乐。只要我说买了新书，女儿就会欢呼雀跃，那种对书的渴望眼神，我每每看到都感到欣慰。只有两三岁大的她，床头放着一堆书，有时早上一睁眼，她就要找书看。连我自己都难以相信，书的魅力竟然如此之大。而我每天工作后，感到最快乐的事就是陪女儿看书。因为在看书的过程中，我不但感受到了陪伴女儿的幸福，也收获到了阅读书籍的启发。其中让我印象最深刻的一套书是《暖暖心》绘本，书中的图画精美、故事精彩，不但对孩子很有启发，连我这个成年人都百看不厌。每次与女儿读这套书，我都能与女儿感受到无比的温暖和幸福，笑声总会围绕着我俩。即使是讲述骗子拐骗动物的故事书《猜猜谁来了》的结局都是美满团圆、充满正能量的：经过几个没有上当的动物一起努力，最终解救了所有被拐骗的动物。

日本著名的漫画家宫崎骏在作品《哈尔的移动城堡》中，塑造了“索菲”这个形象，她虽然90岁了，却还保留着小女孩的天真和纯洁。一个人能保持一颗童心，这是多么的难能可贵！或许，我在陪伴女儿阅读这些充满童真的作品时，也能保有一颗童心呢。

故事分析

一个人在出生时，大脑中控制各种生命活动的功能就已完全具备，但高级神经网络刚刚开始发展。脑神经细胞的联系是通过各种图像、声音、语言、表情以及与人的交往等早期经验来获得和增强的。

当幼小的孩子注视着图书的时候，其眼睛的一个神经细胞就与视觉皮层的另一个神经细胞联系起来。他所看到的图书的影像，将在他的大脑中刻下永久的记忆。而当他看到图书，同时听到“图书”这两个字的声音时，耳朵的一个神经细胞就会产生一种大脑化学物质——“神经递质”，将“图书”这两个音的电子信号传输到大脑听觉皮层的另一个神经细胞，如此反复多次后，其大脑的这一组神经细胞就永远地把“图书”这两个音记录下来了。

图书阅读是儿童早期经验中不可缺少的一部分，能让孩子建立起对书籍、对阅读活动的反映序列和动力定型，使这一主动学习方式在其大脑形成神经回路。因此，早期的图书阅读经验，将是孩子终身可持续发展的基础，父母需要帮助孩子在大脑中建立起图书阅读的神经联系。

孩子的阅读方式与成年人的阅读方式不同，孩子阅读时的兴奋点主要是图书中的形象与色彩。可爱的动物、有趣的物品、色彩鲜艳的画面及与自己熟悉的生活经验相似的内容，都是孩子感兴趣的。这个故事中的妈妈以孩子的生活经验为基础，选择有趣的、与孩子的生活经验相关的图书内容，让孩子的阅读需要得到满足。

一两岁的孩子手部动作的发展还未成熟，未能完全自主控制、掌握手指捻页和翻书的技能。这时如果过于强调孩子技能动作的训练，不仅对孩子阅读兴趣的促进作用不大，还会产生负面影响。故事中的妈妈“用透明胶纸将新书的边缘都粘了一遍，就像给书穿上了一件保护衣”，是一个很好的方法，能防止孩子撕破图书。

给爸爸妈妈的教育建议

1. 给孩子选择合适的图书 父母可以根据孩子的特点和喜好，精心地选择印刷质量好的、内容丰富的、画面生动有趣的图书，并作为经常性的礼物送给孩子。不同年龄的孩子适合读的图书有不同的特点：对1岁前的孩子，可以提供以画面单一、有较大的实物性图案为主的图书；对2岁的孩子，可以提供看图认识物体、能发出声音的图书，图书的制作材料要耐用；对3～4岁的孩子，可以提供语言性、活动性、故事性强的图书；对5～6岁的孩子，可以提供更多形式和内容的图书，以丰富他们的阅读经验。父母还可以在家里设置孩子的图书架或图书专用柜，把图书摆放在孩子能拿到的地方，鼓励他们自由取放和阅读图书。

2. 给孩子朗读不同的图书 由于孩子受到自身发展的特殊性及认识水平的限制，在阅读时需要多感官、多通道的参与，其中视、听是最主要的方式。孩子在图书阅读过程中，借助于生动活泼、有色彩变化的图像，以及朗朗上口、反复出现的语言文字来理解图书的内容，这是一个“视与听”相结合的过程。

父母给孩子朗读图书，能使孩子在“视与听”相结合的环境中参与图书阅读活动，了解图书内容。父母给孩子朗读图书，就是在口头语言和书面语言之间架起一座桥梁，能帮助孩子理解两者间的有机联系，体验通过图书获得知识的意义。父母在给孩子朗读各类图书时，又会以一定的情感、态度、语言去演绎图书内容，使孩子不断地接收来自图书和成年人的信息。此外，孩子还能在父母的朗读中，学会了解和欣赏各种图书的创作风格，感受图书阅读的乐趣。

自我反思

1. 孩子最初不懂得看图书时，你会怎么办？

2. 如果孩子常常不知道如何爱护图书，你该怎么办？

3. 如何培养孩子看图书的兴趣？

“绘本之夜”：我们的读书会

——如何保障孩子阅读的自主权

故事分享

星期六晚上8点，我们读书会的阅读活动如期举行。我提前10分钟过去，把门打开，把绘本放好，各项准备工作都一一做好了，就等着家长和孩子们的到来。没过多久，家长们带着自己的孩子陆陆续续地进来了，我的妻子也牵着女儿走在最后。

这一次，我给孩子们读了三本绘本：《老虎来喝下午茶》《小河里的草帽》和《喂，小蚂蚁》。和往常一样，回答问题的时候女儿又和壮壮争执起来，他们从凳子上站起来，相互撕扯着。原来只有女儿的观点和其他小朋友不一样，她认为蚂蚁不会说话，要踩扁它……终于，争辩声低了下来。壮壮妈妈提议让孩子们来讲故事。壮壮第一个上台，他对着麦克风断断续续地读完了《三只山羊嘎啦嘎啦》；接着轮到我的女儿，她拿着《小河里的草帽》“然后，然后”地讲了起来。睿睿紧紧盯着书上的文字念着《长大以后要做什么》；柔柔也一直举着小手，轻轻地摸着她的小羊书……让我感到意外的是，睿睿竟然能认出“小河里的草帽”这六个字，正确地念了出来。那本书可是我第一次拿来给他们讲的！

就这样，我们的阅读活动又尝试了一个新的阅读形式：让孩子自己讲读故事。

回想活动的初期，印象深刻。小一班的几位家长冒着倾盆大雨抱着孩子过来，参加我在小区的“娃娃乐园”组织的第一次活动。当时，孩子们吵闹的场面真让我措手不及。女儿坚持让我只给她读《白雪公主》的故事，使劲地拉着我要离开。

第一次的活动虽然在尖叫声中结束，但给了我很大的启发。集体阅读所取得的效果，是单纯的亲子共读难以达到的，孩子们会有不同的观点，他们会相互交流。有了横向的比较，能更加丰富孩子的阅读经验。

于是，我和其他家长达成了共识，要把活动坚持组织下去，给孩子们创设丰富的阅读环境，增加他们集体阅读的经验。

接下来的活动一次比一次顺利，一次比一次成功。我们组织了两场亲子绘本表演《彩虹色的花》和《三只山羊嘎啦嘎啦》，收到很好的效果，孩子们玩得很开心。看到孩子的出色表现，家长也倍感自豪和骄傲。

现在，我们的读书会“绘本之夜”组织得更加成熟，在小区的反响也越来越大，不断有家长领着孩子希望能加入进来。

故事分析

在这个故事中，家长自发组织的阅读会从最初的家长读绘本到亲子绘本表演，再到孩子朗读绘本，经历了多种阅读形式的尝试，也丰富了孩子的阅读经验。让孩子朗读绘本，这种新的阅读形式不但使阅读会的活动更加丰富，也使孩子们参与阅读的积极性大大提高。在这个过程中，孩子要主动地阅读各种绘本，了解和理解其中的内容；要用语言表述其中的故事，在众人面前大胆地讲述；要留意听别人讲述的故事……不仅提高了语言表达能力，还提高了社会交往能力。

给爸爸妈妈的教育建议

孩子从 2 ~ 4 岁的伴随阅读到 5 ~ 6 岁的自主阅读，需要一个发展的过程。在这个过程中，成年人的指导很重要，但指导并不等同于一味包办或盲目灌输，而是要把阅读的主动权还给孩子。

1. 关注孩子心灵的成长 每一本绘本对孩子都有着不同的影响，每一次的绘本阅读都应该关注孩子的心灵成长。孩子们在阅读的时候会因为自己生活经验的不同而产生不同的感受、不同的意见。父母应该在充分了解每一本绘本的基础上，细心听取孩子的意见，与孩子一起挖掘绘本里蕴含的丰富内涵，帮助孩子更好地理解绘本。例如可以用“如果你是小蚂蚁会有怎么样的感受”引导孩子再次细读绘本，并尝试换位思考。这样，一定能让孩子的心灵深处有更多的阳光和温暖。

2. 让孩子与同伴一起阅读讨论 不同的人会因生活经验、知识水平和理解能力的不同，而对同一本图书产生不同的感受和理解。因此，父母要创造机会，多让孩子与同伴进行阅读的交流。各种意见的交流能让孩子了解别人的看法，拓宽视野，丰富对图书的认识，并积累与人交流的经验。

自我反思

1. 你和孩子一起读过绘本吗？和孩子读绘本的时候你有怎样的感受？

2. 亲子阅读与集体阅读有什么不同？

3. 为什么要把阅读的主动权还给孩子？

亲子共读能给孩子潜移默化的影响

——怎样与孩子进行亲子共读

故事分享

父母是孩子的第一任教师，家庭教育对孩子的成长至关重要。而在家庭教育的摸索中，我的经验是利用绘本每天坚持亲子阅读，既能培养孩子早期的阅读习惯，又有助于促进亲子关系，更能潜移默化地培养孩子丰富的想象力、创造力和良好的品质。

每天晚上睡觉前是我们看绘本、讲故事的亲子阅读时间。故事讲了几遍之后，果果就可以八九不离十地复述了，每次都有模有样地翻开书，对着图片说故事。看到这些，我心里就会乐滋滋的。这也让我明白了一个道理：反复念孩子喜欢的书，带领孩子进入多彩的书本世界，孩子一遍又一遍地聆听，会对故事的发展有所期待，也能预测书中的情节，从听懂的层次提升到欣赏、体会故事的层次，从而获得莫大的愉悦感和成就感。

有益的绘本能够深入浅出地告诉孩子一些人生道理，潜移默化地培养孩子良好的品质，使家庭教育避免说教的尴尬。

例如我给果果讲《生金蛋的鸭子》的故事：农夫有一只鸭子，这只鸭子会生金蛋；不过它每周只生一次，每次只生一个。农夫心想，只要杀了这只鸭子，就可以在一天之内得到它肚子里的全部金蛋了。可他最后才发现，那只鸭子肚子里一个金蛋都没有。这个故事告诉我们，做人不能太贪心。果果很喜欢听，而且平时也自觉地落实到生活里：去超市买东西每次只买一个，去孩子乐园每次只坐一次摇摇车，别的阿姨送糖给小朋友，他每次不会多拿……

再如绘本《逃家小兔》，讲述了一只小兔想尽办法逃离兔妈妈的怀抱，而兔妈妈总是能追到小兔陪伴在它身边，直到小兔放弃了逃家的想法。我与果果阅读这一绘本时选择了“角色扮演”的方式，以角色游戏的形式演绎妈妈和孩子之间的爱。果果通过扮演兔妈妈，感受到兔妈妈寻找小兔的焦急心情，体会到妈妈无微不至的爱，懂得理解妈妈的良苦用心。回到现实生活中，经过了这一角色的情感体验，果果显得更懂事，对我的关心更主动了。亲子共读不仅增添了乐趣，也丰富了孩子的情感经验，较之传统的阅读方式有过之而无不及。

家庭教育活动都渗透着父母对孩子潜移默化的熏陶与感染，以绘本为载体实施的教育活动也不例外，要在家庭教育中发挥绘本的有效价值，我们仅仅为孩子提供优秀的绘本作品是远远不够的，绘本数量再多，不读也是无济于事。好绘本的可读性不言而喻，如何读才是至关重要的。我的经验就是，亲子共读不愧是有效可行的好办法。

故事分析

亲子共读活动是孩子在家庭里与父母、家庭成员等一起阅读图书的活动。其优点是，在一对一、亲密无间的气氛下进行阅读，父母与孩子都能有较大的自由度，父母能更好地根据孩子的具体情况因材施教。

在家庭中进行亲子共读，最重要的是培养的孩子阅读兴趣。如果父母和孩子在共同的图书阅读过程中能建立起温馨、稳定的关系，如果父母能给孩子更多的宽容和适当的等待，孩子在与父母共同阅读、讨论问题时，就会有安全感，不会因自己不懂得阅读而产生自卑感，也不用担心自己理解错误而被笑话。

孩子的学习是在与周围的人、事、物的交往中，通过模仿来进行的，在图书阅读上也要经历这样的过程。如果父母喜欢阅读，孩子也会有阅读兴趣，父母的榜样力量是不可估量的。父母在家里尽量花更多的时间与孩子一起共读，交流阅读的感受，讨论图书的内容，这种良好的示范和榜样对培养孩子的阅读兴趣有很大的作用。

给爸爸妈妈的教育建议

听故事是孩子最喜欢的活动，他们对各种故事都充满了热忱，并表现出极大的兴趣。因此，从孩子出生开始，父母不管工作有多忙，都应抽出时间来陪孩子读书、给孩子讲故事，让听故事和阅读图书成为孩子生活的一部分，这是仅次于拥抱的一种享受。亲子共读等于是给孩子播下读书的种子，讲故事就像是给孩子插上想象的翅膀，让他们赢在人生的起跑线上。

1. 对孩子的阅读过程不宜过于管束 不同年龄的孩子有着不同的心理特点，好动、爱玩是他们的天性，他们在图书阅读时缺乏持久力是很正常的事。他们开始阅读时，常常是看看这一本又翻翻那一本，似乎只是挑选图书但并没有阅读的意愿和能力。不过，只要孩子能接触图书，就有机会阅读图书，这就是他走上阅读之路的一个好的开端。父母应拥有一颗平常的心，保持宽容的态度，适当地等待，相信孩子能在这种翻阅图书的过程中有所收获。

2. 注意指导的策略和技巧 阅读是一种求知的过程，也是一个享受的过程。如果孩子很喜欢听故事或看图书，长时间不肯停下来，父母可以引导孩子扮演图书故事里的角色，玩与图书故事内容相关的游戏，利用孩子爱玩的心理来转移他的注意方向。相反，要是孩子没有耐心看图书，父母则可以选择有趣的故事图书，绘声绘色地给他讲故事，久而久之，孩子会发现图书里有许多自己喜欢的故事，只要多看书，就能知道更多的故事，从而产生阅读的兴趣。

3. 把握好与孩子共读的要领 父母在与孩子共读前可以先细读图书，寻找其中的共读要点，并依据孩子的兴趣、爱好、理解能力等找出一些具体的画面或情节，在亲子共读的时候多引导孩子观察。在亲子共读后，父母可以与孩子讨论，让孩子充分地发表意见，了解孩子对图书的理解与看法。听孩子说说自己对图书的感受很重要，因为成人的理解不等于孩子的理解。父母可以在听孩子说的过程中了解他的想法，从而更好地引导孩子阅读。

自我反思

1. 你是如何与孩子进行亲子共读的?

2. 与孩子共读时，你是否会把图书中的内容与孩子的生活经验结合起来?

3. 孩子在阅读中是否能联系自己的实际经验去理解图书中的内容?

让阅读成为孩子的一种生活方式
——如何让阅读成为孩子生活的一部分

故事分享

对孩子的成长来说，家庭的环境与氛围非常关键。在这里，我跟大家分享的是孩子从小培养起来的一个好习惯、一种好的生活方式——阅读。

记得烨烨出生后，我下班回家常捧着书本和资料在钻研，他爸爸下班回家也习惯翻阅报纸或杂志，而不满周岁的烨烨便在一旁有样学样地翻看着自己的图画书。

为了培养烨烨的阅读习惯，在他牙牙学语时，我一有空便给他读故事。虽然不知烨烨听懂了没有，但我每次给他读故事时，他都听得非常入神，明亮的双眸里充满着愉悦的光泽。

记得在烨烨 1 岁 9 个月时，有一天，我在书房里备课，烨烨在一旁安静地看童话书，突然发出娇嫩的童稚声："从前，有个王后生下一个漂亮的女儿……"原来是烨烨用小手指着书上的字，很投入地"读"着《白雪公主》。我感到很奇怪，他不认识文字，却能惟妙惟肖地模仿成人的声音和动作"读"书。我感到很惊讶，原来孩子有那么强的模仿能力。我爱怜地抚摸着他的头，夸奖了他。他调皮地眯起眼睛，冲我一笑。

经过长期的坚持，听故事已成为烨烨的习惯。随着烨烨慢慢长大，这种习惯带给他的好处越来越明显：他开始认识一些文字，能用不同的字词与人交流，通过想象去编故事，总能找到恰当的词语来表达。一天，我与他玩游戏，我扮演大灰狼，他扮演小白兔。"小白兔"快要被"大灰狼"抓住时，他大声地说："虽然我很害怕，但是我是男子汉。所以，我必须勇敢面对你——大灰狼。”一副铮铮铁骨的男子汉气概，令人捧腹也令人欣慰。我想正是因为日积月累地听故事，才使他很少遇到想要表达却不知如何说，或者词不达意的困难。

图书馆和新华书店里的儿童读物很齐全，阅读氛围很浓厚。对于喜欢阅读的孩子来说，最能满足他们求知欲的就是这两个地方。我经常到书店买一些童话故事书，带着烨烨一遍一遍地阅读，边阅读边用动作示范，烨烨从中能得到很大的满足感。与其假期里让孩子待在家里上网或看电视，不如把他送到图书馆或是书店。

现在，在我家经常会出现爸爸看报纸，妈妈备课，儿子看故事书的情景。每当这个时候，家里会很安静，只有“哗啦哗啦”翻书、翻报纸的声音。阅读已经成了我们家的一种生活方式。

我们相信，从小到大养成课外阅读习惯的孩子，在阅读的过程中锻炼了智力因素中非常重要的想象力、思维力、注意力和记忆力，他们的智力状态和学习能力会更好。因此，从小培养孩子的阅读习惯，让阅读成为孩子的一种生活方式，是每个父母要做的重要事情。

故事分析

环境对于孩子阅读习惯的培养具有非常重要的意义。在一个家庭中，父母、子女的关系是相互依存和相互作用的，父母的一言一行都是孩子学习与模仿的榜样。在这个故事中，爸爸、妈妈给孩子满满的爱和充足的精神食粮，为孩子创设了一个“书香家庭”的氛围和环境，以自己的行为让孩子在耳濡目染中潜移默化地受到影响，让孩子在这充满智慧与力量的环境中学习阅读，爱上阅读。在图书阅读和阅读交流的过程中，孩子的语言能力也得到了发展。

给爸爸妈妈的教育建议

1. 利用图书培养孩子的语言能力 人的语言能力包括听、说、读、写四个方面。孩子在出生后的头几年里，最初的语言发展是在与有正常语言能力的人进行交往的过程中学习的。图书为父母和孩子提供了可以相互交谈的话题、可以一起观察的形象，有利于亲子沟通，也有利于孩子练习发音、积累词汇、学习说话。

孩子的图书阅读主要是与父母一起进行的。这就给孩子提供了一个很好的听别人“说话”，进而与人“对话”的社会性交往机会，增加了孩子用语言交流的兴趣和经验。父母在朗读图书时充满感情、富有节奏和韵律感的声调，能让孩子体会语言的美感，并在规范语言的熏陶下成长。虽然其他活动也有这些好处，但相对安静的图书阅读活动对孩子的听说、发音、理解词汇等方面的学习更加有利。

如果父母能多给孩子读书，通过图书共读形式将大量的儿歌、故事、童话、诗词不断地渗透给孩子，让孩子了解口语和书面语的关系，增强对图像和文字的兴趣，使其能从非文字阅读向文字阅读平稳过渡，吸收丰富的词汇，掌握语言的意义，学习表达自己的思想，体验阅读的趣味，孩子的语言表达能力就能得到大大的提升。

2. 带孩子到图书馆借阅图书

公共图书馆是供社会各界人士借阅图书的文化设施，而少年儿童图书馆则专门以少年儿童为服务对象，这里的图书更适合孩子。父母应充分利用这些公共资源，帮助孩子建立一种资源运用、资源共享的意识，在借阅与阅读的过程中，培养良好的阅读习惯和能力。

第一，带孩子到图书馆借阅图书时，要向他们解释图书借阅方法和需要办理的手续，并指导孩子自己通过一定的手续去借阅图书。

第二，和孩子一起寻找、挑选他喜欢看的图书。

第三，提示孩子要爱护那些借来的图书，教会他们一些保护图书的方法。

第四，与孩子一起阅读借回来的图书，及时、细心地回答他们提出的问题，也可先了解他们的想法后，再进行重点的解答。

第五，及时提醒孩子把借回来的图书按时交还给图书馆，帮助他们形成图书有借有还的良好习惯。

自我反思

1. 你会和孩子一起阅读吗?

2. 你的家庭有什么样的阅读氛围?

3. 你是否会利用图书培养孩子的语言能力?

妈妈，不是这样的
——如何提升讲故事的质量

故事分享

睡前，冬冬在我为他选购的绘本中挑了《我爱妈妈》。他不认识书名，但是看得出来他喜欢这本书的封面——妈妈笑眯眯地抱着宝宝。我也没看过这本书。母子俩满怀期待地翻开第一页。我想先读完文字再来讲插图，可冬冬听完第一句就急着往后翻。我看着他不说话，他就一直向后翻着，直到看见一辆大红色的小汽车，里面坐着妈妈和宝宝。冬冬停了下来，“嘿嘿”笑着对我说：“妈妈，就讲这页吧。”我说：“好吧。”

这一页没有文字，看着画面，我说：“妈妈开着小汽车载着宝宝去玩呢。他们开心吗？”冬冬说：“开心！”看着他配合的样子，我心想可以很顺畅地把故事讲下去了。我说：“那我们看看下一页吧。”可冬冬按住书本，说：“不要！”

我妥协了一会儿，冬冬还是不肯翻过此页。于是我改变思路，决定编一个寓教于乐的情节。我接着说：“妈妈开着小汽车载着宝宝去公园玩，来到公园，他们看到很多动物，有老虎 tiger，有狮子 lion……”冬冬大声说：“不，不是这样的！”我说：“哦！那是怎样的？”他小声嘀咕着，我听不清楚，就说：“那我们看看下一页不就知道了。”冬冬坚决不让，表现得有点激动。我提高声调说：“那你来说说！”冬冬“哇哇”哭了起来。我认为他无故哭闹，也开始不耐烦，更不会去哄他。

过了一会儿，冬冬指着画面说：“妈妈开着小汽车载着我来到肯德基，薯条呀薯条，汉堡呀汉堡，可乐呀可乐，干杯！”我一听，咦，挺好的。原来，孩子和我没想到一块儿。应该是今天在幼儿园学的内容，这会儿看到这场景，他联想起来了，才会觉得妈妈编的情节不对，而妈妈的目的性太强了，总觉得要让他学点知识。看到我认可的眼神，冬冬终于肯翻过这页去了。果不其然，书上的妈妈带孩子去吃好吃的，有蛋糕、饮料、水果……冬冬更开心了，我也笑了。

故事分析

孩子都喜欢听故事，因为故事能使他们感到愉悦、心情舒畅。孩子都希望听故事，因为故事情节的发展、人物的言行、事件的变化都深深地吸引着孩子，启发他们的思维和灵感。孩子都愿意听故事，因为在那些接近孩子日常生活的故事里，有触动他们情感、影响他们言行的内容。

父母在给孩子讲故事时，不仅要用口头语言，还需要运用适当的体态语言去演绎故事的内容。这对激发年幼孩子的图书阅读兴趣，帮助孩子学会聆听、学习说话，发展孩子的理解力、想象力等都有很大的作用。讲故事还能促使孩子与成年人之间、孩子与孩子之间产生更多联系的纽带。

给爸爸妈妈的教育建议

1. 给孩子挑选好的故事书 父母在为孩子挑选故事书时，首先要考虑的是孩子的年龄和生活经验。年幼的孩子还不能很好地把自己与外部世界的事物分开，因此“再现”孩子的生活、能引起孩子“物己同化”和情感共鸣的图书更能吸引他们。父母应多选择这一类的图书。

其次，父母应考虑到故事的有趣性和结构性。故事情节生动有趣、变化多样，有悬念、有高潮和比较完整的结局，这样的故事是孩子所喜欢和愿意去探究的。童话、寓言、神话、民间故事等正具有这些特征，这一类图书也应多选择。

最后，能引起孩子想象的文学作品图书，很适合用来讲故事。孩子能跟随故事的发展，进行部分情节的猜想、确认和整合。孩子对图书内容的预测、验证的过程，就是想象与思考的过程，他们的思维能力也会得到有效的发展。

2. 讲故事前自己要细读图书 父母在给孩子讲故事前，自己要先细读图书，首先是熟悉故事，了解故事里的角色特征、语言行为，分析故事的情节发展、事件的冲突、故事的高潮，理解故事的语言风格和情节气氛，思考用什么方式去表达等。其次要把故事记住，达到能离开图书讲故事的程度，这样就能用双手来配合表情演绎整个故事。最后要练习几遍，以便把故事完整地讲给孩子听。此外，父母还可以把自己讲的故事录下来，这样可以检查自己把握和表达故事的程度，及时做出调整，也便于孩子自己边听录音边阅读图书。

3. 讲故事时应注意几个要点

首先，用丰富的感情、夸张的表情和动作来渲染气氛，把故事立体地呈现出来。讲故事时，父母可以根据故事的内容，控制自己说话的声调、音量和速度，用脸部的表情和身体的动作等来表达人物和故事情节的变化。比如情节轻松时，语速适中，音调平稳，面带微笑；情节紧张时，语言速度加快，紧皱眉头；小动物和孩子的话用稚嫩可爱的声音表达；笨重而庞大的动物和老人的说话，用低沉粗哑的声音和较缓慢的语速表达。

其次，给孩子讲故事时，要同时引导他们看插图。图书里的插图能够帮助孩子理解故事的内容。孩子的年龄越小，图书里的插图就要越多，文字要少，语句要简单。随着孩子年龄的增长和阅读经验的不断增加，画面中的文字内容可以逐步增多。

最后，讲故事时可以运用简单的道具。故事书都有不同的角色和对话。孩子的年龄越小，坚持性就越差，看图书听故事的时间也就越短，但他们对能动的、能玩的或立体的道具特别感兴趣。如果父母在讲故事时，运用一些与图书内容有关的道具，就能更好地吸引孩子的注意力。

自我反思

1. 你是否每天都坚持给孩子讲故事?

2. 你的孩子对你所讲的故事是否感兴趣?

3. 你能否用趣味性的语言给孩子讲述图书里的故事? 你有什么好方法?

4. 你会和孩子一起改编或创编故事吗?

从刊物中寻找阅读的乐趣

——如何利用低幼刊物拓展孩子的阅读范围

故事分享

“妈妈，快来和我一起走迷宫，读《十朵小云》的故事给我听……”儿子手里捧着他最喜欢的低幼杂志《幼儿园》，眼睛里满含期待。这是我家的读书时间，也是我们最幸福的时刻。

以前儿子是个小顽童，上街只是吵着要买玩具，在家不是“大闹天宫”，就是看很长时间的动画片。这对孩子的视力不好，也容易使孩子沉迷于电子产品中，心态浮躁。

为了能让孩子远离那些虽然有趣但不适合孩子的电子产品，我给孩子订购了一年图文并茂的低幼杂志《幼儿园》。刚开始，我们尽量选择相对简单、生动有趣的故事，坚持每天在同一时段用 15 ~ 20 分钟的时间读给儿子听。在我们富有感情色彩的朗读中，儿子会边听边问。为了保持他的兴趣，我们会和他讨论：“接下来，你认为会怎样呢？”这时候他会自己猜想，猜完后跑回我们身边，边看着图画边听我读故事。如果结果和他猜想的一样，他就会高兴得手舞足蹈。慢慢地，儿子被杂志上五彩缤纷的图画、活灵活现的人物、丰富有趣的益智游戏深深吸引，手里拿着杂志翻来覆去，睡觉的时候也要放在枕头边。每天睡觉前，儿子都要我和他爸爸朗读故事给他听。现在，他不仅常常主动要求延长读书时间，还很愿意自己去选择购买自己喜欢的图书。每当买了新书，他都会欢呼雀跃，如获至宝。

在儿童的眼睛里，不应该只有电视、电脑和玩具。影像类的产品在儿童脑海中只停留瞬间，但文字却可以留在心底，成为永恒。我们现在所做的，只是要给孩子这样一种认识：阅读，如同吃饭、喝水、呼吸空气一样，是一件很自然的事，也是很有趣的事。对孩子来说，有一些书，有一些故事，童年时读到了、听到了，也就是永远地读到了、听到了；相反，童年时错过了、省略了，也可能是永远地错过和省略了，这或许会成为一个人终生的缺失和遗憾。因此，我们坚持与孩子一起读书。

我们与孩子一起跟随书中的情节紧张或欢笑，一起分享对书中人物的赞赏和厌恶，各抒己见，其乐融融。作为父母，我们庆幸能够分享和见证孩子成长的每一天！

故事分析

低幼刊物是面向0～6岁孩子，以图画为主要表现形式，集阅读、游戏、操作、娱乐于一体的读物。优秀的低幼刊物和优秀的图书一样，都能让孩子从中感受到阅读的乐趣，体验阅读的过程，学习阅读的方法，培养阅读的能力，将使孩子受益终身。

杂志比其他的读物更具有时代性和连续性，有固定的出版时间，在培养孩子的阅读习惯方面具有积极的意义。国内外的大牌刊物内容权威、图片精致，能帮助孩子拓宽视野、积累经验、增长知识。

给爸爸妈妈的教育建议

1. 为孩子选择合适的低幼刊物 由于低幼刊物的读者只有0～6岁，不同的孩子也存在着不同的差异。因此，父母在给孩子选择低幼刊物时，需要考虑孩子的年龄、特点、爱好等，有目的地给孩子选购或订阅。刊物的种类较多，从内容上来看，有综合类的刊物，如《幼儿园》《幼儿智力世界》；有游戏类的刊物，如《中国儿童画报——学前游戏》《巴布工程师》《东方娃娃创意手工》；有科普类的刊物，如《小聪仔》；有以故事阅读为主的绘本，如《幼儿故事大王》等。

2. 引导孩子阅读低幼刊物

第一，引导孩子全刊浏览，选择最喜欢的内容开始阅读。当孩子拿到一本刊物时，父母不必急于要求孩子看这看那，而是应该让孩子自由地把全刊浏览一次或多次；然后在合适的时间里，询问孩子最喜欢看哪一篇并和孩子一起细细地阅读，可以一边看一边讨论里面的内容，一方面了解孩子是否看明白了，另一方面了解孩子口语的表达能力，及时给予指导。

第二，引导孩子追踪每一期的内容，进行系列阅读。由于刊物定期出版，会有一些内容是连续登载的。父母可以引导孩子跟踪每一期的连续内容，回忆上一期的内容，联系本期的内容，在系列的阅读中掌握寻找内容、连接内容的方法。

第三，引导孩子依据内容做游戏。在许多的低幼刊物里，都有不同的游戏栏目，有可扮演的游戏、动手操作的游戏、涂涂画画的游戏等，而且这些游戏往往会和阅读内容联系在一起。引导孩子依据刊物里的内容做游戏，更能促进孩子的阅读兴趣，也能让孩子把自己对阅读的理解以多元的方式表达出来。

自我反思

1. 你会给孩子订阅过哪些低幼杂志?

____

____

____

2. 你是怎样引导孩子阅读低幼杂志的?

____

____

____

3. 孩子的阅读乐趣从哪里来?

4. 孩子常常使用电子产品怎么办?

寓诗于生活之中

——如何引导孩子学习中国传统文化

故事分享

冬天快到了，一天晚上，孩子在床上玩。怕孩子着凉，孩子的妈妈拿起针线在孩子的睡裤上多缝一圈肚兜。我立即翻出口袋书里的《游子吟》，挨到孩子身边，指着孩子妈妈一针一线缝衣的情景，轻声念着："慈母手中线，游子身上衣。临行密密缝，意恐迟迟归……"没想到，这方法还真奏效。后来每当孩子的妈妈缝缝补补的时候，孩子便自然而然地念起了"谁言寸草心，报得三春晖"。

大概是耳濡目染多了，孩子也会念唱好几首唐诗。有些时候，他会正儿八经地给我和他妈妈念一两首诗歌，但从没在其他人面前表演过。不过，我对于这并不在意。直到有一次，我们去东湖公园游玩，孩子指着不远处的人造水帘景观，对我和他妈妈说："爸爸妈妈，你们看，望庐山瀑布啊！"我笑了笑，反问了一句："那叫什么呢？"孩子回了一句："飞流直下三千尺，疑是银河落九天。"大伙都笑了。

对于孩子好读诗不求甚解，好些时候我也反思，是不是孩子死记硬背地把一些简单的唐诗给记下来了呢？生活中的一个小情节给了我答案。有一天，我正在用梯子。孩子见状，就问："爸爸，你知道梯子是用来干什么的吗？"我无暇思索，直接回了一句："梯子就是用来爬的。"没想到，孩子认认真真地给我回了一句："梯子是用来更上一层楼的。"听到孩子这句回答后，我从此深信：读诗百遍，其义自见。

潜移默化，润物无声。现在，诵读唐诗成了孩子的一个兴趣爱好，从用唐诗哄孩子入睡发展到了睡前父子抢读唐诗游戏，孩子朗诵时也从一字一句生硬地背诵变得抑扬顿挫、有感情了。从孩子读唐诗这件事情上来看，过程是漫长而快乐、有趣而高雅的。

在这个过程中，我的体会有这么几点：第一，唐诗是中华文化的精粹，在孩子理解能力范围之内适当选取唐诗作为启蒙学习是有益的、可行的。第二，生活即诗，不必给孩子硬派学习任务、硬灌输，但要巧妙地抓住生活中诗的来源，寓诗于生活。第三，学习是个心领神会的漫长过程，即使是一些简单的诗歌，也不适宜要求孩子每字每句都读懂，偶有信手拈来便是最大的收获，生活就是诗意的最好诠释。第四，可以灵活地通过一些诗歌，教育孩子在生活中做人做事的道理。第五，寓教于乐，不妨通过玩游戏入手进一步提高孩子学习诗歌的兴趣。第六，学习诗歌的过程中，孩子也会从中体验到生活，感悟到生活，这就是读诗的宗旨了。

诗从生活中来，我们不必硬给孩子灌。

故事分析

故事中的爸爸是一位很用心的爸爸，他有科学的育儿观，使用古诗引起孩子对中国古典文学的兴趣。生活即诗，诗从生活中来。古诗篇幅短小、句式工整、朗朗上口。故事中的爸爸选择在生活中渗透诗，在情境中形象、生动地讲解和启发，使孩子通过耳濡目染喜欢上诗词、了解中华民族的灿烂文化，并启迪孩子的智慧。古典诗词丰富的题材和内容是取之不尽的财富，家长要取其精华，如培养孩子爱惜粮食的古诗有《悯农》，培养孩子感恩的古诗有《游子吟》等。“潜移默化，润物无声”，让孩子倾听古诗、将诗意融入生活是行而有效的方法。现在有很多家长强迫孩子用死记硬背的方式记忆和学习《三字经》《论语》《弟子规》等，使孩子产生厌倦感，只知其音不知其意，更不能借鉴。故事里的爸爸使用游戏的方法帮助孩子学习古诗，符合孩子的年龄特点，使孩子轻松接受。

给爸爸妈妈的教育建议

1. 为孩子选择合适的古诗　中国古代的诗词歌赋是人类文化的瑰宝，古诗的内容包罗万象，有的寓意深刻，有的富有热情，有的寄情于山水，有的充满诗情画意……父母应根据孩子的年龄特点，选择贴近孩子生活、符合孩子的兴趣、反映孩子身边事物的古诗，让孩子在听、读、诵中熏陶情操，提升审美能力。例如《咏鹅》这首诗篇幅短小、文字浅显易懂，其中所咏的鹅又是孩子常见的动物；《画》就如一幅美丽的画面，有花、有鸟，充满诗意；《悯农》具体形象，表现的寓意明了，让孩子知道要珍惜粮食；《游子吟》可以让孩子感受妈妈的爱，也表达了孩子感恩妈妈的情感……

2. 借助多种形式让孩子倾听古诗　父母可以通过形式多样的方法引导孩子倾听古诗，在古诗中发现美、感受美，陶冶情操，使中国传统文化在家庭语言教育中得以启蒙和传承。

第一，和孩子一起看与古诗词有关的动画片。动画片用动画、声音把古诗的内容表现出来，能充分调动孩子的各种感官，给孩子直观的感受，有助于孩子体验古人在诗中传达的感情，理解古诗的内容、诗意。如《咏柳》的动画片生动、形象地把“万条垂下绿丝绦”的画面展现出来。看着一幅幅美丽的图画，微风轻轻吹动湖边的杨柳，长长的杨柳枝条垂下，孩子能感受到春天的生机勃勃。

第二，结合图画引导孩子欣赏古诗词，如观看大白鹅的戏水图，模拟大白鹅伸长脖子的动态、模仿大白鹅的叫声，引起孩子学习古诗《咏鹅》的兴趣；可以鼓励孩子在倾听古诗后以绘画的形式把古诗的意境画出来，如理解了《悯农》后，让孩子把农民在田里顶着烈日锄禾、大汗淋漓的画面，用自己的方式画出来，加深对古诗的理解。

第三，和孩子一边听诗词的录音，一边用打节奏吟唱的方式跟读，模仿古诗词的韵味进行表演。

自我反思

1. 你用什么方法让孩子学习诗词歌赋?

2. 你的孩子接触过古诗词吗?

3. 你认为优秀的传统文化与现代教育应该如何融合起来?

第四章

阅读理解的培养

《3–6 岁儿童学习与发展指南》中对于早期阅读的相关要求和说明，是依据阅读心理学的要求提出的，注重儿童阅读心理的发展，更加全面、完善和细致。

《指南》在语言领域提出了“具有初步的阅读理解能力”的目标。有学者提出，初步的阅读理解能力包括：通过观察图画书的画面进而理解语言文字的综合认知能力，口头语言与书面语言对应的能力，书面语言的视觉感知辨别能力，阅读预测和阅读创造能力等。在《指南》这一目标中,各年龄段典型表现里有六处提到“画面”，包括：对画面背景的理解、对画面色彩的理解、对画面内容及细节的理解、对画面人物的理解、对画面间关系的理解和对画面主题的理解。通过以上的这些“理解”，培养孩子具有“口头语言与书面语言对应”、“书面语言的视觉感知辨别”、“成为流畅阅读者的策略预备”等多种自主阅读能力，从而发展孩子文学欣赏、阅读创造、诗歌仿编、故事编构、自编自制图画书的创造力。

为了让孩子更好地理解阅读内容，提高孩子的阅读理解力，父母需要在亲子阅读中不断进行角色置换，时而是参与者，时而是指导者，时而是支持者，时而是旁观者，给孩子充分的支持与鼓励，让他们能快乐地徜徉在阅读的海洋里，享受美妙的阅读之旅。

给黑豆讲故事的收获

——如何善用阅读发展孩子的倾听与表达能力

故事分享

黑豆从小就特别好动，白天几乎没有停歇的时候，想要一本正经地对他讲道理，肯定不见效。而在临睡前的这段时间，这个淘气包乖巧得像只小绵羊，就是为了能听到好听的故事。于是我们经常利用这个机会，通过讲故事以及讲解白天发生的事情，穿插性地给黑豆提一些小问题，让他明白事理。

例如，黑豆以前不爱也不太肯洗手。于是有一晚，我给黑豆讲《巧巧兔——我爱干净》这个故事。讲到巧巧兔因为不洗手就拿东西吃，于是细菌进入肚子引起细菌大战，导致肚子痛时，我就问黑豆："黑豆，不洗手拿东西吃会怎样啊？"他皱着眉头学巧巧兔难受的样子，可怜巴巴地说："肚子痛……""那黑豆以后吃东西前要怎样做呢？"他举着小手说："洗手！""对，我们黑豆是个讲卫生的好宝宝！"从此，黑豆似乎爱上了洗手，经常自己用洗手液把手洗得干干净净后才拿东西吃。

从黑豆几个月大开始，我们就每晚给他讲故事，但那时他经常会表现得心不在焉。为了调动他的积极性，我们绞尽脑汁。第一次发现黑豆会讲故事应该是在他两岁多（或者是更早）的时候，他讲的第一个故事是《小马过河》，他非常爱听这个故事，经常要我们跟他讲。当黑豆几乎一字不漏地把这个故事讲完时，我和黑豆爸爸都感动得快要哭了。从那一刻起，我们才意识到，原来黑豆看似心不在焉，其实都听进去了并有意识地记忆下来，慢慢学会了讲故事。于是，我们商量好，一个晚上故事不用讲太多，一两个足矣，只要他爱听肯听，就重复讲。奇迹真的发生了，黑豆会讲的故事越来越多，一开始是我们讲上句让他接下句，后来我们故意说累了，要他讲。黑豆心情好的时候可以把整个故事讲完，心情不好的时候就只讲一部分。不管是哪种情况，我们都鼓励他、肯定他，夸他“好棒啊”。

现在，黑豆有时候捧着一本书，能根据图画自己编故事，特别是有图画的故事书。正如我查阅到的信息：孩子学会讲一个故事，要经过聆听、理解、记忆、复述四个阶段。当孩子重复听同一个故事时，能在重复的故事形象中产生愉快感，增加兴趣并检验自己的记忆，实现自己的期望。

故事分析

年幼的孩子会让父母重复讲一个故事，父母说得毫无感觉，但是孩子却听得津津有味。其实，这是由孩子的年龄特点决定的。重复倾听正是孩子早期阅读的特点。这种重复对孩子的发展至关重要，因为孩子虽然能听懂，甚至能觉察和补充故事中遗漏的情节，但自己还不能很好地复述故事，“你讲他想”这样的方式对孩子来说是莫大的享受。而父母认为“没意思”的重复对孩子来说并不是简单的重复，而是每次都有新的感受和收获。孩子的认知能力有限，只有在重复的过程中才能不断发现和体会新的东西。正如故事中所说的“孩子学会讲一个故事，要经过聆听、理解、记忆、复述四个阶段。当孩子重复听同一个故事时，能在重复的故事形象中产生愉快感，增加兴趣并检验自己的记忆，实现自己的期望”。

很多家长会像故事中的父母那般，面对孩子倾听过程中心不在焉的表现，或绞尽脑汁吸引孩子的注意；或不管不顾，照讲不误；或放弃讲述，另作安排；或生气批评，要求改正。孩子没有认真听，可能是因为孩子此时正被更感兴趣的东西所吸引，也可能是因为故事内容或形式超越了孩子的接受范围。一般来说，太长的故事或难度超越了孩子理解范围的故事可能会受到孩子的排斥，对此，父母可以试着选择一些节奏感强、内容短小、贴近孩子生活经验的小故事，看看孩子是否能认真听。不过，这个年龄的孩子，由于好奇心强、自控力差，安安静静地认真听讲对他们来说本来就是一件很困难的事，这是心理发育特点使然。其实，不必强求孩子像小学生一样规规矩矩地倾听。有时孩子虽然表现得心不在焉，但他或许能一心二用，可以接收到父母所讲的故事信息，然后在某一时刻突然复述出来。正如故事中，黑豆在父母未曾预料的一个时候，几乎一字不漏地把《小马过河》的故事讲完了，让父母感动不已。

在亲子阅读的过程中，父母的爱和宽容能让孩子体会到阅读的美妙。要知道，孩子与孩子之间是有差异的。有的孩子倾听时很专注，表达得很清晰，阅读兴趣很浓；有的孩子却不是这样。我们不应该用统一的标尺去衡量他们。如果孩子暂时还做不到，也不要强迫他，更不要为此感到焦虑。只要给孩子充分的爱与宽容，我们就会发现孩子每天都有进步。

给爸爸妈妈的教育建议

对于 2 ~ 3 岁的孩子，不妨选择十几个故事反复讲给他听，也可以让他跟着父母一起讲，反复模仿，加深记忆。时间长了，孩子听熟了，理解了，记住了，慢慢地就能自己讲了。所以，父母不厌其烦、心平气和的讲述，对孩子来说是最好的爱和教育。

孩子都喜欢听故事，他们会反复地听同一个故事而百听不厌，父母如果能让孩子在听的基础上复述故事，就可以促使他们加快吸收新鲜的语言“养料”，提高记忆和连贯叙述的能力。那么，如何培养孩子复述故事的兴趣呢？

首先，选择适合孩子学习复述的故事材料。一般来说，孩子喜欢听并愿意复述的故事，内容应是生动有趣的，语句最好有重复，篇幅必须是短小的，这样，孩子才易于记忆。其次，孩子是靠听来记忆故事的，因此，最简单也是最重要的一个方法，就是将故事反复地讲给孩子听，而且每次讲的必须一样，以强化他们的记忆。如果能同时给孩子看图片或图书，视听结合，孩子的印象会更深刻。

此外，一个故事不能只讲过一次就要求孩子全部记住，父母可以用听听、讲讲的办法，分几次教会孩子。例如，第一次，只要求孩子学会故事中角色说的话；第二次，让孩子记住角色出场的顺序；第三次，让孩子跟着学讲故事的开头和结尾。这时，孩子就可以将这个故事从头至尾完整地复述出来了。当孩子学会独立复述一个故事时，父母要予以表扬，有条件的可以录下来，再放给他听，也可以送孩子一本新图书，引起他学讲第二个故事的兴趣。还可以跟孩子一起分别担任角色，全家合作讲一个故事，这样，孩子会因为全家一起讲故事而感到亲切和愉快，学讲故事的兴趣更加浓厚，积极性也更高。

在孩子复述的过程中，复述不完整或有误都是很正常的，父母不要急于纠正孩子的错误。作为父母，我们要做的事，就是鼓励和欣赏孩子。只有当孩子多次重复某个错误或讲述困难需要帮助的时候，我们父母才需要不着痕迹地给予支持。我们要始终坚持：复述故事是为了培养孩子阅读的兴趣，满足孩子表达的欲望，这既是出发点，也是归宿点。

自我反思

1. 当你给孩子讲故事的时候，是否经常觉得他心不在焉？你会为此担心吗?

____

____

____

2. 你希望孩子给你讲故事吗？有什么方式能让孩子愿意给你讲故事？

____

____

____

3. 如果孩子给你讲述故事时，经常会出现这样或那样的错误，你会怎样做？

____

____

____

4. 你知道孩子学会讲故事要经过哪些阶段吗？

____

____

____

快乐童年从亲子阅读开始
——如何引导孩子体验和感受阅读的意义

故事分享

"讲故事啦！"

每晚的睡前故事是女儿可可最期待的。今天可可选的是《不一样的卡梅拉——我想去看海》。这本书的画面色彩很丰富，人物的表情很生动，特别是小母鸡卡梅拉坚强、有主见、心地善良、爱冒险的性格特点，深深地吸引了可可的注意力。

故事在我们的讲述中慢慢展开：鸡舍的休闲生活，卡梅拉的探险精神，探险旅程中的艰难困苦，偶遇哥伦布的惊喜与绝处逢生，被迫下蛋的无奈与喜感，小卡梅利多新的冒险……可可有些听懂了，有些听不懂，听懂的地方她开心地笑，听不懂的地方皱着眉头。精美的画面，动物们丰富的表情，快乐的小母鸡们下蛋嬉闹的细节，公鸡爸爸华丽的外衣，光屁股火鸡们的集体舞场面……这些无不吸引着好奇宝宝的目光，而我们夸张的讲述与表情更是让她咯咯笑的诱因。

快乐的故事时间虽然结束了，但对话还在继续："可可，这里面有这么多动物，你最喜欢哪只动物？"

"卡梅拉。"

"喜欢她什么呢？"

"喜欢她下蛋，还有去看海。"

"你看，卡梅拉虽然是只小母鸡，从来没有去过外面，但她勇敢吗？"

"勇敢！"

“为什么你觉得她勇敢？”

“因为她自己去。”

“太棒了，她自己走了许多路，一个人在风雨里走夜路，我们遇到了困难也要像卡梅拉一样勇敢。”

“嗯。”

“下次我们带你去海边看海好吗？”

“好！耶！去看海！去看海……”

……

对于可可而言，读书不光能增长见识，不光能满足对爸爸妈妈的孺慕之情，还能遇到许多意外的惊喜。这个暑假，我们真的带着她去了海边，看到了卡梅拉向往的蓝色大海。可可把自己想象成勇敢的卡梅拉，为了自己的愿望或倔强与坚持，勇敢地解决困难。

乔斯坦·贾德说过：最明智的父母，一旦给孩子吃饱穿暖之后，接下来最重要的事情就应该给孩子们读故事，故事伴随孩子的童年，给他无穷无尽的想象和欢乐。我们希望能够给可可一个快乐的童年，我们更希望给她一个有思考、有童趣、有目标、有奋斗经历和成功喜悦的童年。阅读，就是这个起点。

故事分析

故事里的亲子阅读情景给人以温馨、和谐的感觉，每晚 10 ~ 20 分钟的睡前故事，让孩子和父母的心连在一起。他们以“边看边聊”的方式享受着阅读的快乐。可可妈妈先问可可喜欢故事中的哪只动物，在得到可可的答案后，接着问喜欢的原因。但可可还不会总结原因，只是简单地列出喜欢的行为“喜欢她下蛋，还有去看海”。妈妈接着用“勇敢”来引导可可，并追问：“为什么你觉得她勇敢？”可可说：“因为她自己去。”这时妈妈不着痕迹地帮助可可进行归纳：“她自己走了许多路，一个人在风雨里走夜路，我们遇到了困难也要像卡梅拉一样勇敢。”在亲子阅读中进行这样的沟通，父母能够明白孩子的想法，孩子也能从父母的引导中明白一些粗浅的道理。此时，阅读成了亲子沟通的桥梁。

阅读也是一个成长的历程。暑假，可可的父母把可可带到海边，看到了卡梅拉向往的蓝色大海，可可把自己想象成了勇敢的卡梅拉。此时，故事是遥远的，亲历的感受却是真实而亲切的，这种感受就是一种成长的历程。

给爸爸妈妈的教育建议

1. 给孩子选书的自主权 快乐阅读的前提是选择合适的图书。父母为孩子选择图书时，需要考虑到孩子的年龄特点：3 岁左右的孩子喜欢简单的故事，可以选择有重复句子和重复情节的短篇图画书；4 岁的孩子重视故事的逻辑和情节，喜欢强烈的表达和夸张的语气，这时可以选择故事、诗歌和韵文；5 ~ 6 岁的孩子已经初步具备阅读理解能力，可以阅读一些文字量稍大、故事稍复杂的书。除了孩子的年龄特点外，还要考虑他的爱好。例如：孩子喜欢车，就可以为他选择交通工具类图书；孩子喜欢娃娃，就可以为他选择《白雪公主》这类童话书。

当然，最好的方式是把选书的自主权交给孩子。和孩子一起去图书馆或书店时，你会发现，孩子其实是能够自己挑选图书的。他们会挑一本书，翻一翻，看一看，放下，然后又取一本，重复之前的动作。这时，父母可以给孩子充足的时间，让他慢慢思考和选择。不少孩子能够按照自己的筛选标准找到合适的书。但也有些孩子可能会一直重复上述动作，父母可以适时介入，从孩子翻看过的图书中选出一本，给他说说里面有趣的画面，引导他发现这本书是有趣的。

2. 用夸张的语气和表情给孩子讲故事 当孩子的年龄小的时候，他们的思维方式以形象思维为主，大多通过直观感受去认知事物。因此，父母给孩子讲故事时，可以用夸张、抑扬顿挫的语气及生动的表演，吸引孩子对画面的注意力，激发起孩子阅读的浓厚兴趣。

有的父母可能会说自己的普通话不标准，或没有经过专门训练，所以讲故事的质量不高。其实，很多国家都有民间自发的“故事爸爸”或“故事妈妈”组织，他们研究讲故事的技巧并加以实践，其过程不乏艰辛，但收获也比较明显。

朗读故事是有技巧的：在朗读时，语速不要太快；较慢的语速有助于孩子理解故事。同时，根据图书内容，朗读节奏最好有所调整，配合语气的抑扬顿挫，以及适当的角色扮演，这会让孩子更加专注。孩子喜欢听完一遍后，再试着自己阅读一次，这时他正在复习刚才的内容，以便理解文意。有时候孩子会要求父母反复地朗读同一本书，因为这样他能更好地理解故事的复杂有趣之处。父母在这个过程中也会更深刻地感受到为人父母的意义。

3. 让阅读走出绘本 阅读绘本，不仅仅是阅读画面的过程，也可以引出一系列的延伸活动。父母在与孩子一起阅读的过程中，尽可能让孩子在真实环境中体验，可以使孩子对绘本的理解更加深入，也可引起孩子对大自然及社会的关注。因此，父母需要和孩子一起跳出绘本，进行故事表演、参观体验、创编故事、自制图书等，在各种各样的活动中丰富孩子对绘本的感受，使阅读更加深刻和多元化。

自我反思

1. 你经常和孩子一起阅读绘本吗？在阅读的过程中你会观察孩子的表情吗？

2. 故事中的孩子为什么能在阅读过程中始终保持着愉悦感？你有什么办法让你的孩子在阅读中也有这样的表现？

3. 你是怎样为孩子选书的？平常又是怎样给孩子讲故事的？

4. 为什么故事中的父母要带孩子到海边？

快乐的“故事妈妈”
——如何引导孩子进行主题阅读

故事分享

在潮州“故事妈妈”公益项目的引领下，我找到了育儿的好办法——“大手牵小手走进多彩的绘本世界”。不再当喋喋不休的“说教妈妈”，也不当大声吼叫的“脾气妈妈”，而是当与孩子共享绘本之趣、阅读之乐、亲子之爱的“故事妈妈”。虽然当一名好的“故事妈妈”不简单，但我始终难并快乐着。

绘本共读一般在晚上睡前进行，周末白天也会结合游玩的内容进行共读。前段时间，我们陆续开展了各个主题的共读，收获了满满的爱，升华了亲子感情。

我们首先进行了以“浓浓亲情”为主题的共读，包括《爷爷一定有办法》《我爸爸》《我妈妈》《猜猜我有多爱你》等绘本，从洋溢着浓浓亲情的绘本里，俞俞非常快乐地感受了来自亲人的爱，体验妈妈生产时的辛苦，经常主动地表达“我爱你，妈妈”。

在中秋节到来时，我们共读了《月亮的味道》《爸爸，我要月亮》《遮月亮的人》《晚安，月亮》等一批月亮主题的绘本，其中俞俞最喜欢的是《月亮的味道》。这是一本有得吃、有得玩，充满童趣，传递勇于尝试、齐心协力、坚持就是胜利等正能量的绘本，他几乎每晚必读，很快自己也会讲了。

在俞俞的强烈要求和鼓励下，我还参加了他班上的“故事妈妈进课堂”活动，第一次上讲台讲《月亮的味道》，收到非常好的效果。听完故事，在家长的引导下，孩子们用身边的例子讲述了对“齐心协力”的理解。

为了激发俞俞对色彩绘画的兴趣与信心，我特别进行了“绘画”主题共读。《彩红色的花》《点》《点点点》《蜡笔小黑》等一批绘本受到俞俞的喜爱，他每天都要读，睡前读，早上起床也读。鲜艳的色彩深深地吸引着俞俞，激发起他对绘画的兴趣。于是，我们经常进行拓展活动，比如画一朵彩红色的花、画点点点、尝试刮画等。我们还结合《彩红色的花》传递乐于助人的正能量，参加了民生志愿者“爱心跳蚤”活动，收获了第一张“爱心证书”。

在“爱牙日”那天，我们开展了“爱牙”主题共读，《牙齿大街的新鲜事》《鳄鱼怕怕　牙医怕怕》绘本，让俞俞不再抵触刷牙，反而自动自觉地刷牙。“请牙齿警察把那两个讨厌的家伙，迪克、哈克清理出牙齿大街，看，我的牙齿大街干净吗？”这就是绘本的魔力。

同时，我们还针对晚睡、不睡的坏习惯，进行了《我是不睡觉世界冠军》《小怪物，睡觉去》《当我想睡的时候》等“睡觉”主题绘本共读，有效改善了俞俞不睡觉的习惯。

故事分析

主题阅读以孩子的兴趣、存在问题、家长对孩子的期盼为切入点，围绕人生重要的、需关注的、富有情感的、能体现人文精神和生命价值的主题，如亲情、节日、艺术等，选择相关的主题材料，开展相关的文学作品阅读活动。故事中的妈妈善于以主题阅读的方式与孩子进行亲子阅读活动，由此提高孩子的学习兴趣与阅读能力。

很多父母起初觉得做“故事爸爸/妈妈”并非难事。但是只要走上“故事爸爸/妈妈”这条路，你就会慢慢觉得要做一名好的“故事爸爸/妈妈”极不容易，像故事中的妈妈那样，难并快乐着。要成为一名好的“故事爸爸/妈妈”，需要一定的技巧。

首先要分析绘本，深刻地理解故事的内容和思想情感。如故事中提及的绘本《我爸爸》，书中几乎每一页细节处都有太阳出现——在衣服上、袜子上、门上，等等。为什么要有太阳呢？太阳的光辉、温暖代表着父亲的形象，预示着伟大的父爱。爸爸一直像太阳般照耀着孩子前进的方向，给孩子无限的动力。理解了这一点，在和孩子分享这个故事的时候，就可以引导孩子观察这些细节，并启发、鼓励孩子谈谈自己的感受，说说自己的爸爸，从而更好地结合画面理解故事内容。

给爸爸妈妈的教育建议

在开展主题阅读活动时，需要注意以下几点。

1. 主题内容的选择 在选择主题的时候，可以从两个方面考虑：第一，孩子当前的兴趣与需求。兴趣是最好的老师。因此，父母应该从孩子的兴趣点出发去寻找主题内容。第二，父母的期盼。父母对孩子每个阶段的成长都有期盼，例如希望孩子学会感恩，理解亲情的可贵。

2. 提供环境的支持 在进行主题阅读的过程中，父母需要给孩子提供支持性环境。例如材料的多样化，包括题材多样化，如文学类、地理类图书；文体多样化，如儿歌、故事、散文、科幻童话等。有了支持性环境，孩子就可以充分地去探究和阅读与某个主题有关的作品，获得较为综合的经验，丰富认知网络。

3. 结合身边的例子 在与孩子进行亲子阅读的过程中，父母可以结合身边的一些例子与孩子一起分析，加深孩子对阅读内容的理解。例如给孩子讲述绘本《猜猜我有多爱你》之后，引导孩子说说家人对自己关爱的例子。孩子通常能毫不费力地举出很多例子，因为这些就发生在他的身上或身边，所以他会有深切的感受。结合这种感受，对故事的理解就会更加深刻。父母在运用这一方法时，需要经常与孩子交流，发现身边闪光的例子，帮助孩子积累生活经验。例如，在乘坐公共汽车的时候，看到有让座的行为，可以与孩子分享谦让的美好；在过马路静候指示灯的时候，与孩子分享什么叫做等待；在把垃圾扔进垃圾桶里时，让孩子明白什么是“爱护环境从我做起”。很多道理说起来浅显，但孩子理解起来并不容易。如果有实实在在的例子，将会帮助孩子加深理解。

自我反思

1. 你愿意做一个“故事爸爸 / 妈妈”吗？做“故事爸爸 / 妈妈”有什么技巧?

2. 你知道什么叫主题阅读吗? 为什么要选择开展主题阅读?

3. 你与孩子有进行主题阅读的经历吗? 最大的收获是什么?

4. 你与孩子阅读的过程中是否进行过拓展? 你认为拓展的好处有哪些?

听青青讲故事
——如何支持孩子的阅读行为

故事分享

有一天，爸爸给3岁多的青青读小狮子到森林里寻找猎物的故事。一个小时后，青青对爸爸说：“爸爸，我给你讲个故事吧。”只见她捡起两片叶子，分别平摊在两只手上，然后和爸爸一起肩并着肩坐在门前的台阶上，开始以爸爸所描述的那种“充满激情的声音”讲故事：一只大狗熊（停顿一下）走进森林，看见了一头狮子（停顿一下），然后追那头狮子（停顿一下），它捉住了那头狮子。趁着青青又一次停顿的时候，爸爸问道：“紧接着，那只熊又干什么呢？”青青答道：“接着，那只熊回妈妈家了。”

青青很早就已经非常熟悉读书这一活动了，她用两片叶子就可以作为课本，创作出一个简单却条理清晰的故事，并能准确地模仿我阅读时的语气来讲述故事。这种父女之间的交流表明，青青已经发现了读书的趣味所在和快乐之处，还知道这可以用来吸引爸爸的注意力。她希望爸爸能喜欢她的有关读写的表演。的确，青青的爸爸是一个接受能力比较强的听众，不但接受了她编造的故事，最后还帮她的故事找了个结尾，也许是想让她明白故事应当有一个结尾。在这个过程中，青青的爸爸接受了那个好玩的故事，给女儿大大的满足感。

现在，青青已经拥有了各种各样的书和书写工具。她能随时使用这些工具作为游戏内容，或信手涂鸦，或探索、试验，或纯粹嬉戏。而这一切，显得随意又好玩。我们则有时作为助手或指导者，给她提供读写材料和技术协助，有时作为观众，欣赏她的表演和创作。青青4岁的时候，有一天晚上，她用铅笔和蜡笔在一张纸上乱涂乱画，画了一些线条、数字和符号。她说这些是“小红帽”“白雪公主和七个小矮人”“三只坏脾气的公山羊”等故事。当她画这些“故事”的时候，每过几分钟就拿着纸跑来跑去，把自己刚加上去的内容分别给我和她爸爸看。显然她很为自己自豪，每过一会儿就开心地大叫：“我会读了！我会写了！”她还很自豪地说：“这些全是我一个人做的，没有人帮忙。”

故事分析

亲子阅读是儿童早期教育的一种重要方式，对于孩子的成长具有特殊的意义。在亲子阅读中，大部分父母能够以积极的态度对待亲子阅读，但由于缺乏科学的思想与方法的指导，效果往往不尽如人意。故事中，青青的爸爸在亲子阅读中扮演了各种角色，既提高了亲子阅读的效果，又增进了父女之间的情感。

他是引导者。当女儿讲故事时停顿说不下去，他会巧妙地提问，帮女儿把故事编下去。

他是参与者。既认真地讲，又专心聆听。他接受女儿编造的故事，并帮她找结尾，给女儿大大的满足感。

他是支持者，无论女儿是创编故事、信手涂鸦，还是自由探索、试验、嬉戏，他始终能作为助手或观众，给女儿提供读写材料和技术协助，欣赏女儿的表演和创作，支持着她可贵的创造激情。

青青的爸爸能做到持之以恒，实在是一件不容易的事。有些父母有空时就给孩子讲故事，没空时就不讲，或者心血来潮时才讲，这样不利于孩子良好阅读习惯的养成。父母应该把阅读变成固有的常态活动，每天都留出充足而固定的时间度过这段美好的时光，使亲子阅读成为一种习惯。

给爸爸妈妈的教育建议

1. 给孩子创设良好的物质环境 要培养孩子良好的阅读习惯，父母需要在物质上、精神上创设一个良好的环境，支持孩子的阅读活动。物质上的支持，就是安排固定的时间、固定的地点与孩子进行亲子阅读；在家中选择一个光线充足的角落，放一张小书桌或小书架，在地上铺一块舒适柔软的地毯，让孩子可以随时选取自己喜爱的图书阅读。

2. 扮演示范者的角色 因为孩子年龄小，在开始阅读时，毫无技能可言。因此，父母的示范尤为关键。例如，示范翻书技巧时，父母可以用儿歌加动作："大拇指、食指变成尖尖嘴，衔着右下角，一页一页翻。"示范讲述的方法时，父母可以用不同的声音去再现不同的角色，再配上生动的表情，孩子很快就会明白讲述故事的一些粗浅技巧。

3. 充分理解和支持孩子的乱涂乱画 3～4岁的孩子处于从绘画涂鸦期到象征期的过渡阶段，喜欢在纸上乱涂乱画。对他们来说，乱涂乱画是一种游戏，更是一种表达方式。他们注重的不是画的结果，而是享受表达的过程，获得精神上的满足和快乐。当父母给孩子讲述各种各样的故事后，孩子的脑海里会有很多鲜明的人物形象，或喜欢，或害怕，并对阅读产生浓厚的兴趣。有了兴趣、爱好和想法，孩子就会有表达的欲望，于是就开始用涂画来表达。而当孩子一边在纸上画，一边零碎地讲故事时，这正是他们阅读兴趣的萌芽。

对待孩子的这一行为，父母应该充分地理解与支持。首先，不遏制。给孩子提供满足他们乱涂乱画的工具和时间，让他们自由表达，并给予鼓励、肯定与欣赏。其次，不纠正。孩子的绘画可能不知所云。但是，我们应该和孩子那样，享受过程，忽视技巧。只有这样，才能让孩子一直保持旺盛的创作激情。过了一段时间后，孩子不仅故事表达流畅了，创意增加了，而且绘画水平也会有明显的提高。孩子的认知能力是需要通过自己的摸索而逐渐建构起来的。最后，不着急。乱涂乱画是阅读过程中的一个阶段，或许有的孩子在这个阶段持续的时间很长，但是他总会有厚积薄发、水到渠成的那天。我们要做的事情就是耐心等待。

自我反思

1. 作为家长，你在亲子阅读中的角色定位是怎样的？

2. 你的孩子在阅读中喜欢乱涂乱画吗？你如何理解这种行为？

3. 你是否希望孩子能创编故事？你会为他提供怎样的支持性环境？

阅读拨动心弦
——怎样的亲子阅读能帮助孩子成长

故事分享

著名的教育家苏霍姆林斯基说过："在每个孩子心中最隐秘的一角，都有一根独特的琴弦，拨动它就会发出特有的音响。"

儿子已经3岁了。从呱呱坠地的那一刻起，他就会用使劲踢蹬的小腿、紧闭的双眼、张大的小嘴发出他"特有的音响"。而在成长过程中，他做出许多我所不能理解的事情，我真怕他有多动症的倾向。有时候他闹腾得我无法控制自己的情绪，对他大声吆喝，大发脾气。而在公共场合或是有客人的时候，为了不伤及自己的面子，我又对他进行了让步，满足了他的要求，终止了他发脾气。

直到有一天，我阅读了《0—3岁儿童学习与发展指南》，当天就有些坐立不安、心绪不宁，晚上辗转反侧、难以成眠。为了让孩子"乖"，我就能"压制"他或"顺从"他吗？这几个词语反复敲打着我那愧疚无比的心。无心之失已经造成，我要想办法尽快弥补。

从那之后，在家里，我们除了教儿子唱歌、游戏、讲他爱听的故事以分散他的注意力外，还用肢体语言让他觉得在妈妈身边是最安全的。

在讲故事时，我用了夸张、生动、富有趣味性的方式，比如用低沉的声音来扮演爸爸，用恶狠狠的腔调来演绎大灰狼，用阴郁沉闷的怪声表现老巫婆等，并且像乐队指挥那样挥舞着手，时而高、时而低，时而重、时而轻，时而急、时而缓……再加上适当的和愉悦的表情。儿子的激情被充分调动起来，他从无声的肢体语言中体会到栩栩如生的意境，领会到了小动物们热烈的情感。一个个活生生的人物把他带入了童话世界，之后与我的交流也进行得顺利且充满活力。

在教儿子学儿歌《小白兔过桥》时，念到“摇摇摆摆”一词，我让他一边朗诵一边用动作把“摇摇摆摆”表现出来。在理解词语“不用吵”“轻轻”时我把食指竖在嘴边表示要安静，他马上就明白了我的意思。当他吵闹时，只要我一用这种手势，他就会马上安静下来，按照我的指令轻轻地进行活动。

在这样的过程中，我渐渐地发现我的坏脾气少了，孩子听话多了。当然他有时还是会惹我生气，但是我懂得了怎么去处理他的情绪。苏霍姆林斯基说过：“教育要像对待一朵玫瑰花上颤动欲坠的露珠一样，用温柔细致的教育手段小心翼翼地呵护学生幼小的心灵。”我赞叹风雨后彩虹的美丽，因为这种美洗尽铅华，无比清新而自然。

故事分析

学前期是幼儿个性初步形成的时期。在这一时期，幼儿心理活动的独立性和目的性逐渐增长，开始逐步发展最初的个性倾向，包括兴趣倾向、道德倾向、性格倾向等，正如故事中的孩子那样，会做出许多父母所不能理解的事情。面对孩子的这些表现，孩子的妈妈起初并没有找到合适的处理方法，为了让孩子“乖”，有时“压制”，有时“顺从”，这对孩子的个性发展其实是不利的。在经过反思之后，妈妈改变了策略，用唱歌、游戏、讲故事的方式营造与孩子良好沟通的氛围，渐渐地，妈妈的“坏脾气少了，孩子听话多了”。

在这个过程中，孩子的妈妈借助了亲子阅读的力量。在亲子阅读时，孩子一边倾听父母讲述有趣的故事，一边欣赏书中优美的图画，能够感受到父母对自己的关注、重视和接纳，这是一种积极的情感交流，对于孩子情感的稳定和发展具有重要的意义。同时，孩子在图书中能够看到一些日常生活中接触不到的人际关系、社会关系情境，逐步形成比较稳定的道德倾向及性格倾向。因此，父母通过生动有趣的故事向孩子传达一些基本的道德价值判断，比起单纯的说教更容易让孩子理解和接受。

在亲子阅读中，父母将文字转化为生动、温暖的话语，把自身的生活经验、思想内涵和阅读感受与故事的真谛结合起来，一起传达给孩子，这是孩子独自看书时无法体验的。对于父母来说，这也是一个与孩子共同成长的过程。以书为媒，以阅读为细节，在亲子共读中，父母和孩子共同成长。

给爸爸妈妈的教育建议

1. 营造温情的阅读环境 在亲子阅读时，父母可以把孩子搂在怀里或让孩子靠在自己身上，营造出充满温情的阅读环境，告诉孩子每本书都有书名，就像宝宝有自己的名字一样，用舒缓的语调一页一页地把画面讲给孩子听，经常用“你真棒”“说得真好”等积极的语言和表情赞赏孩子。在温情的亲子共读中，孩子的阅读兴趣和习惯会潜移默化地巩固下来。

2. 用故事与孩子沟通 在日常生活中，当父母不知道该怎样和孩子交流，或者正面交流很难达到效果的时候，可以尝试用讲故事来与孩子进行沟通。例如，妈妈可以把手放在头顶上，扮成小兔子，兴奋地对孩子说：“我是你最好的朋友小白兔，今天我可真开心呀。我在幼儿园里吃到了我最喜欢的土豆丝，午睡的时候还做了一个梦，梦见了我的小熊。可是下午我有一点儿不开心，因为我喜欢的玩具被别的小朋友拿走了。我的好朋友，你今天在幼儿园过得怎么样呀？”故事通常是既虚拟又真实的，父母把虚拟和真实融合在一起，就可以让孩子很快进入情境当中，敞开心扉，把自己开心和不开心的事说出来。因此，故事是一个特别好的桥梁，它可以缩短父母和孩子之间的距离，让亲子沟通变得顺畅而愉快，解决父母和孩子难以沟通的问题。

3. 选择适合的图书 针对不同年龄段的孩子，父母需要选择适合的图书。3～4 岁的孩子正处于语言爆发前的准备期，他们还不适应长句子和大段文字描述。可以选择一些对话简短、直白，情节有趣的故事，或者有重复句子和重复情节的短篇图画书。4～5 岁的孩子专注力持续时间延长，但依然活泼好动，需要生动、有趣的绘本作为亲子阅读的开端。可以选择故事情节紧张、曲折或者有重复性、可预测的图文并茂的故事书，也可以选择情节有些曲折的传统故事等。5～6 岁的孩子已经初步具有阅读理解能力，可以阅读一些能够引发思考及交流、画面内容较丰富，并配有适当文字的绘本，也可以通过无字书来创编不同的故事。父母在讲完故事之后可以与孩子交流书中的内容，而不再是简单地让孩子对故事内容进行复述，还可以再增加一段互不打扰的“自由阅读时间”。

4. 在讲故事前先做好准备 父母可以通过故事解决孩子生活当中的很多问题，包括性格上的问题、日常生活中的心理问题等。因此，父母在给孩子讲故事之前，最好要先预读，知道故事讲的是什么，不仅要把故事讲出来，更要把故事的寓意以及想通过故事告诉孩子的道理都表达出来。除了预读，父母在讲故事前更需要自身在平时养成阅读习惯，而不要为了给孩子讲故事才临时抱佛脚。

5. 让讲故事变得更加有趣 在讲故事的过程中，父母可以用夸张、生动、富有趣味的语句，以及愉悦的表情等无声的肢体语言，让孩子身临其境地体会故事的意境，感受阅读的乐趣。对于不同背景的故事或情节，可以借助道具或选择不同的配乐来增强效果，也可以穿插一些儿歌、诗歌，帮助孩子更好地理解故事、产生兴趣。

教育反思

1. 开展早期阅读对孩子的影响大吗？

____

____

____

2. 你是怎样给孩子讲故事的？你事先做了哪些准备？

3. 在阅读过程中，你是否注意和孩子进行互动和沟通？

4. 亲子阅读给你和孩子带来的改变有哪些？

绘本阅读的共情之美

——如何促生"共情"阅读

故事分享

我偷笑：谢羽轩果真是"爱阅轩"啊。

我借助亲子阅读，为儿子的小小心灵打开终将令他此生获益无穷的大大世界。回顾那些我们在一起的成长点滴，绘本阅读的经验与共情几乎贯穿于每一个生活细节。

我们讲过蒲蒲兰"小熊宝宝绘本"系列中的《拉粑粑》《洗澡》《午饭》《排好队，一个接一个》等，羽轩随时随地共情：坐在卡通便盆上拉臭臭，他说："这是小熊教我的。"洗澡时，他边玩泡沫边说："小熊和小鼹鼠一起洗澡，好多好多泡泡，头都看不见了！"爷爷给他买了根香肠，他也会念叨："小老鼠的饭盒里有好多菜，又个香肠给小熊吃。"他信手涂鸦，画好之后惊喜地呼唤："妈咪快看，小熊的大象滑梯！"我一瞧，哇，像极了！这正是书里那座大象长鼻子滑梯！由此，我便知道，儿子的小小心灵认同了大大世界的习惯与趣味。

还有那些深情和浪漫。比如二姨来电话说要过来做伴后，羽轩突然专注地蹲在小区里的石子路旁，不知在忙活些什么。我边走边回头催促了好几次，他才终于起身追赶过来，心满意足地说："摘朵花送给二姨。"我一看，他的手上拿着一束杂草，里头夹杂着零星的微小的粉紫色野花。谁教的？"暖房子经典绘本系列"的《我和妈妈》《在一起》中都有春天里赠予鲜花的情景。羽轩早已懂得爱的语言可以是一句话、一个拥抱或一朵野花。

还有那些勇敢和坚强。比如入园第二周，羽轩发烧了。带他去看医生前，我先给他做心理铺垫：“宝贝，我们要去看医生了，维尼也去看过医生吧？他到诊所去，是跳跳虎帮他挂号的，然后呢？”他一一回忆：伸舌头、按肚子、听诊器压心口、打针……这些都是“小熊维尼经典图画故事书”的《身体检查不可怕》里的场景。有了这些心理铺垫，尽管在病痛和情绪低落的时候，他也没有撒娇、哭闹，而是沉稳、配合地接受医生的所有陌生操作。连第二天，他敏感的脚心踩着两片黏黏的足贴他都忍了，我表扬他：“羽轩好棒，没有撕掉它。”他坦然笑笑说：“是大姑姑帮我贴的。”哦，亲爱的园医大姑姑，这个小病号很合作吧？得感谢故事书的帮忙哦。

回顾古老的《增广贤文》，那时的寻常人家，大人小孩都懂得“至乐莫如读书，至要莫如教子”。我想，我大概可以说：羽轩，妈妈为你打开了一扇门，我们一起去领略那里的无限风景吧。

故事分析

“共情”是心理学上的专有名词，也称为同理心、移情、同感等，在现实生活中可以理解为“感同身受”。共情能力，指的是一种能设身处地体验他人处境，从而感受和理解他人情感的能力。共情能力是富有想象力的表现，能深入别人的思想里，体验别人眼中的世界。故事中的羽轩具有的正是这种共情能力，因此他总能在生活中发现图书中的类似情境，体会到其中的快乐：和小熊一样坐在便盆上拉臭臭；洗澡时像小熊和小鼹鼠洗澡时一样有好多泡泡；信手涂鸦的线条可以变成小熊的大象滑梯……

给爸爸妈妈的教育建议

“共情”阅读从选书开始。幼儿心理发展的特点决定了早期阅读教育必须为孩子提供具有具体意义的、形象的、生动的阅读内容。父母在选择阅读材料时，应该从孩子现有的认知水平出发，挑选接近孩子生活经验的阅读材料。图文并茂、生动形象的图书能帮助孩子形成理解书面语言的能力，逐渐认识到书面语言和图画符号之间的对应关系，同时也能为亲子间“共情”阅读打下理解的基础。例如有的绘本内容简单、形象生动，与生活贴近，最适合 3～4 岁的孩子阅读，有利于良好行为和生活习惯的养成。

在亲子阅读过程中，父母除了给孩子朗读书中的文字外，还可以在某些故事情境中询问孩子：“如果你是 ×××，你会怎么做？”引导孩子主动换位思考，体验人物情感，延伸至生活中的相关经历，与孩子共同探讨，体验阅读的快乐。

自我反思

1. 你会经常和孩子一起读绘本吗？你留意过绘本给孩子带来的影响吗？

____

____

____

2. 共情是什么？你会和孩子一起体验书中的情感吗？

____

____

____

3. 你是怎样为孩子选书的？

____

____

____

第五章

书面表达的准备

书面表达是书面语言学习的重要内容。不少父母为了帮助孩子更快、更好地适应小学书面语言学习的要求，会有意识地在学前阶段引导孩子做一些书面表达的准备。但适合孩子发展、切合孩子需要的书面表达准备应该做些什么，是让很多父母感到茫然的问题。有些父母认为书面表达的准备就是让孩子认读若干数量的汉字及汉语拼音；有些父母则认为应该教孩子在田字格内书写笔画简单的汉字。这些做法都会降低未来在小学学习的新奇感，而且学前阶段的孩子手部小肌肉还未发育完善，不能胜任“书写”这种需要肌肉力量的精细活动。

那么，书面表达的准备具体指的是什么？怎样做才能有效促进孩子的发展，为书面表达做好准备？《3–6 岁儿童学习与发展指南》给了我们明确的指引。

在《指南》语言领域“具有书面表达的愿望和初步技能”的目标中，不同年龄段孩子的典型表现如下：

3~4 岁，喜欢用涂涂画画表达一定的意思。

4~5 岁，愿意用图画和符号表达自己的愿望和想法；在成人提醒下，写写画画时姿势正确。

5~6 岁，愿意用图画和符号表现事物或故事；会正确书写自己的名字；写画时姿势正确。

《指南》同时建议应让孩子“在写写画画的过程中体验文字符号的功能，培养书写兴趣”，帮助孩子在绘画和游戏中“促进手眼协调”，“学习由上至下、由左至右的运笔技能”，提醒孩子“写画时保持正确姿势”。

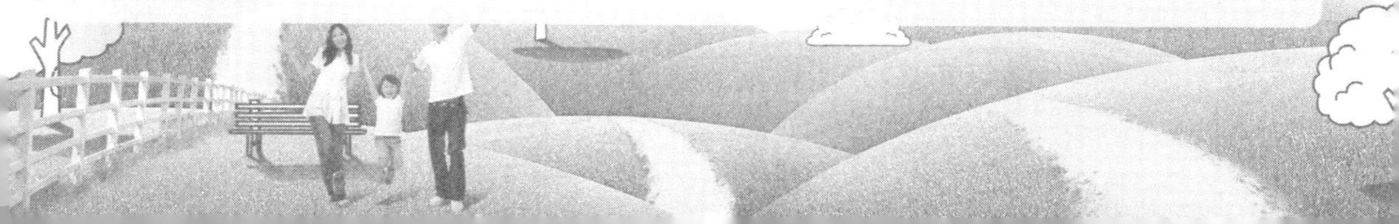

可见，对于 3~6 岁的孩子来说，书面表达的准备包括两方面的内容：

第一，“前识字”。“前识字”也就是以激发孩子对符号和文字的兴趣，发展孩子的文字意识为目的。需要特别注意的是，“前识字”的目的不是提升识字量。

第二，“前书写”。“前书写”不能简单地理解为“书写汉字”，而是根据孩子在环境中习得的书面语言知识，引导孩子通过涂鸦，运用接近文字的符号“书写”，获得用笔、纸表达的经验和技能。

如何做才能有效促进孩子的发展，为书面表达做好准备？对于这个问题，我们必须引入一个概念——“核心经验”。孩子在成长过程中各种行为、能力的发展，都有赖于一些主要而关键的经验的获得，这些主要而关键的经验，我们可称之为“核心经验”。如果父母能有效地帮助孩子获得某方面的核心经验，那将为孩子在这方面的发展奠定坚固而雄厚的基础。

做好“书面表达的准备”，孩子需要拥有的“核心经验”如下：

第一，“前识字”的核心经验。包括“符号和文字功能意识”的经验、“符号和文字形式意识”的经验、“符号和文字规则意识”的经验。

第二，“前书写”的核心经验。包括“建立书写行为习惯”的经验、“感知理解汉字结构”的经验、“学习创意书写表达”的经验。

作为父母，我们需要围绕着这些“核心经验”，帮助孩子有效地进行书面表达的准备。

“画写”阅读记录

——如何帮助孩子做好书写准备

故事分享

经常和孩子一起阅读的家长会发现，孩子对每一本书都会有一些独特且有见地的想法和见解。这些精彩的词句往往是有感而发、即兴而出，如果及时地将它们记录下来，日后翻看的时候，不但会让人觉得非常有趣，而且会对引导孩子阅读很有帮助。

记录还可以包含阅读的方法和孩子的阅读反应，如对某些书的好恶、读某些书时提出的有趣问题、对某些书的评语、读完后的感想等。我们可以通过翻看孩子不同时期的阅读记录，了解孩子现阶段的理解与表达的水平，以便给予更具体、实际的指导和支持。孩子也可以用来重温当时阅读的快乐情景，从而进一步重复阅读或进行延伸阅读。

对于学龄前的孩子，家长的记录还可以给孩子做好正确的书写示范，让孩子知道自己所说的和所想的都可以用笔记录下来。当孩子看图复述故事时，家长既可以帮孩子记录，也可以鼓励孩子用图画和符号等将自己的故事“画写”出来，这也是我们常说的前书写和前写作。因为中班年龄的孩子已经开始对生活中常见的标志和符号感兴趣，知道它们代表一定的意义，并开始有意识地用简单的图画和文字来表达自己的想法和意愿。家长可以给孩子准备好随时取放的纸、笔等材料，满足孩子自由涂画的需要，并在绘画和游戏中帮助孩子做必要的书写准备，锻炼手指小肌肉的灵活性，促进手眼协调，同时帮助孩子学习由上至下、由左至右的运笔技能来培养孩子的前书写能力，当然一定要记得提醒他们画写时保持正确的姿势。

故事分析

为正规书写做准备的“前书写”阶段需要积累三个核心经验。第一个经验是“建立书写行为习惯”。建立书写行为习惯的过程，也就是孩子最初积累“前书写”经验的过程，包括三个阶段：

第一个阶段，以随意的涂鸦和线条“假装书写”，这是激发“书写”意愿的关键阶段。在日常生活中，孩子看到大人的书写行为，出于好奇，开始模仿大人的动作，用随意的涂鸦和线条“假装书写”。在这一阶段，孩子并不关注“书写”的内容，更无意于借助“书写”进行表达和交流，他们只对“写字”这个动作感兴趣。这是因为孩子有模仿成人行为的心理需要。“假装书写”的内容并不重要，但这一过程对激发孩子“书写”的兴趣，并使之能够持续下去，有很重要的意义。自此，孩子的书写意愿被激发，并慢慢习得书写行为。

那么，如何引发并维护孩子“书写”的兴趣呢？父母的示范作用非常重要。试想，如果父母或其他人从未在孩子面前做出过书写动作，那孩子“模仿书写”的心理需要怎么可能会被激发。因此，父母可以有意识地借助书写行为进行表达和沟通，同时可在亲子活动中以适宜的方式引导孩子感受“书写表达”的乐趣。这个故事中的家长给了我们很好的建议：借助亲子共读后的“阅读记录”，给孩子做出正确的书写示范，让孩子知道自己心中所想的、自己要说的，都可以用笔记录下来；不会写字也没关系，可以用图画和符号“画写”出来。

第二个阶段，有初步的纸笔互动经验，这是提升“书写”能力必须具备的。当孩子的“书写”意愿被激发后，父母需要帮助孩子提升书写行为习惯的经验，也就是帮助孩子获得与纸笔互动的经验。纸笔互动的经验是孩子学习书写过程中不可缺少的一环，是孩子进一步探索书面文字表达的表现。当孩子拥有一定的手眼协调能力，并能握笔自如地在纸上活动时，他才能控制运笔动作，“画写”出自己想要表达的符号、图形。故事中的家长清楚地了解纸笔互动经验对孩子书写的意义，因此他给孩子准备好随时取放的纸、笔等材料，在绘画和游戏中有意识地锻炼孩子手指小肌肉的灵活性，促进手眼协调，同时帮助孩子学习由上至下、由左至右的运笔技能，注意纠正和提醒孩子保持正确的书写姿势……家长的这些做法为孩子积累了建立书写行为习惯的经验，为以后孩子的正规书写打下良好的基础。

第三个阶段，书写一些简单的汉字字形。

给爸爸妈妈的教育建议

1. 保持用纸笔书写的习惯 父母是孩子的第一任老师，更是孩子的模仿对象。在游戏中，孩子们扮演爸爸或妈妈，他们的行为表现源于父母的日常表现。因此，在电脑普遍进入家庭，拼音输入法替代文字书写的今天，若要培养孩子的书写兴趣，父母需要常常在孩子面前用笔书写，为孩子提供模仿和学习的榜样，让孩子耳濡目染，理解并接受“书写是日常学习的一部分”。

2. 在日常生活中运用“书写” 在日常生活中，父母可以通过适宜的方式让孩子感受“书写是表达自己想法的最好方法”。在亲子阅读后做“阅读记录”就是一个很好的方式。父母和孩子在阅读图书的过程中共同经历书中的故事情节，了解图书的内容，随后各自记录下自己对这个故事的印象和感受。父母可以书写文字，孩子则可以用自己的方式记录。做完记录后，父母和孩子互相交流：先阅读对方“记录”的内容，猜测对方表达的意思，然后读出自己记录的文字或“画写”的内容。借助这种方式，孩子既能知道父母的想法和自己的想法有什么不同，也能感知文字的意义及形式，真切感受到用书写来表达自己想法的好处，同时也感受到在书面表达中“让对方明白”的重要性。而经过一段时间后，孩子和父母一起再次翻阅这些“阅读记录”时，能直观地感受到自己阅读的成就，这对保持孩子阅读的兴趣也大有好处。

除了做阅读记录外，父母平时还可以和孩子一起写家庭备忘录、做节日卡片等。

3. 训练孩子的手眼协调能力 父母可以结合孩子的年龄特点，有意识地训练孩子的手眼协调能力，丰富他们的纸笔互动经验。

对 3 ~ 4 岁的孩子，可以通过蜡笔涂色、折纸、捏橡皮泥、走迷宫、画线条等游戏让孩子练习基本的运笔技能；还可以通过手指操、穿珠子、捡豆豆、搭积木等需要手部操作活动的游戏来训练孩子的手眼协调能力，增加手臂及手部小肌肉的力量。

对 4 ~ 5 岁的孩子，可以通过走迷宫、连线和折纸等游戏，让孩子练习灵活地运笔；也可以通过“穿针引线”的游戏，训练孩子小手的精细动作能力。

对 5 ~ 6 岁的孩子，可以借助更加复杂的走迷宫游戏和连线游戏，让孩子练习较好地控制手腕、手指以及与纸笔的互动，保持笔和线一同向前，提高手眼协调能力以及手部运笔能力；可以让孩子在规定范围内画点或线，控制线条的起始和结束；还可以根据笔画设计相应的有趣的绘画内容，帮助孩子提高文字书写动作的敏感性。

4. 提醒孩子保持正确的书写姿势 《3–6 岁儿童学习与发展指南》在关于“书面表达准备”的目标中提到“4 ~ 5 岁，在成人提醒下，画画写写时姿势正确；5 ~ 6 岁，画写时姿势正确”。可见，培养孩子正确的书写姿势不是一朝一夕的事情，需要孩子在父母不断的提醒下，持之以恒，同时配合必要的训练，通过长时间的积累，使正确的书写姿势成为一种习惯。正确的书写姿势包括两个方面：

第一，良好的坐姿。要让孩子拥有良好的坐姿，除了需要父母的示范和提醒外，还需要符合要求的桌椅。父母可以根据孩子的年龄和身高，挑选合适的桌椅（见下表）。假如使用成人桌椅，则应通过调整脚垫、椅垫，为孩子提供适宜的桌椅高度。

儿童桌椅各型号的标准身高、身高范围对应表

单位：cm

桌椅型号	课桌尺寸		座椅尺寸					儿童身高适应范围
	桌面高	桌下净空高	座面高	座面有效深	座面宽	靠背上缘距座面高	靠背下缘距座面高	
幼 1 号	52	≥ 45	29	29	27	24	13	113~
幼 2 号	49	≥ 42	27	27	27	23	12	105~119
幼 3 号	46	≥ 39	25	25	25	22	11	98~112
幼 4 号	43	≥ 36	23	23	25	21	10	90~104
幼 5 号	40	≥ 33	21	21	23	20	9	83~97
幼 6 号	37	≥ 30	19	19	23	19	8	75~89

备注：本标准来源《中华人民共和国国家标准 GB/T 3976−2002》。

第二，正确的握笔姿势。握笔姿势的正确性在生理上受限于手指小肌肉和精细动作的发展。孩子只有在生理发育成熟时，才有可能形成正确的执笔方式。因此，父母需要避免过早地给孩子使用铅笔写字，尤其要避免过早地让孩子在田字格中进行规范的书写练习。

那么，父母应该为孩子提供怎样的画写工具？孩子多大时可以使用铅笔？对于年龄较小的孩子，我们可提供短、粗、容易控制的画写工具，如蜡笔、油画棒等，逐渐过渡到提供较粗的画写工具，如记号笔。随着孩子手部肌肉的发育、书写兴趣的提高和握笔姿势的发展，逐步提供铅笔等较为成熟的书写工具。通常当孩子可以用蜡笔画出直线时，就表明其精细动作已经发展到可以接触铅笔了。一般来讲，5 岁左右是孩子开始接触铅笔的最佳时期。

关于握笔的正确姿势，过多的语言解释效果并不好，父母可以做出动作示范，引导孩子进行模仿，也可以为孩子提供握笔器，或借助简单的工具提高孩子握笔姿势的准确性。

最后，父母需要注意，孩子的脊柱和肌肉容易疲劳，当处于疲劳状态时，他们就不会有意识地调节和控制自己的姿势。因此，3 ~ 6 岁的孩子每次画写时间应当控制在 10 ~ 30 分钟。

自我反思

1. 你在家里有用笔书写的习惯吗?

2. 亲子阅读后，你会和孩子一起做阅读记录吗? 阅读记录怎样做可以更有趣?

3. 你觉得孩子正式书写前需要做好哪些能力准备? 你可以怎样帮助他?

在“指读”中体会书香飘逸

——如何帮助孩子感知文字

故事分享

在拜读了教育专家尹建莉的教子手记《好妈妈胜过好老师》之后，我一直沿用手记中的“指读法”给孩子讲故事。即不把故事内容转化成口语或“儿语”，而是完完全全按书上的文字，一个字、一个字地读给他听。随着“指读”故事次数的增多，孩子似乎也渐渐懂得了一些汉字。

记得有一次，我正在给孩子“指读”《白雪公主与七个小矮人》的故事。当读到“小矮人和森林的动物们也被邀请来参加婚礼，在全国人民的祝福声中”时，由于喉咙发痒，我忍不住停下来咳嗽了几声，稍作喘息，喝口水，正准备接着往下读，这时一个稚嫩的声音一字一顿地响起：“王子和白雪公主将永远快乐地生活在一起。”我转过头来，只见小家伙正用手指着书本上的那行字，一字一字认真地接着往下读。顿时，一股暖流涌上心头，我的心瞬间被融化。“儿子，你太棒了！你懂得这些字怎么读了！”我拥他入怀，亲吻着他的额头高兴地说。孩子的小脸蛋笑成了一朵花。

从那以后，我确信了读书的好处。于是在后来的亲子阅读中，从我指着字一个一个字地读，改成他指我读。他指到哪儿，我读到哪儿。我还会适时地与孩子探讨：“你觉得这本书在讲什么呢？”“你猜猜接下来会怎么样呢？”“你觉得小主角应该怎么做呢？”以此帮助孩子理解故事的内容，同时也给他练习表达自己想法的机会。逐渐地，儿子理解了文字的作用，把故事与文字联系到了一起。文字在他的眼里一点儿也不空洞、枯燥，而是有内容的，文字就是故事，有趣而生动。

……

当然，阅读也不限于在家里读书。当我们带他到公共场所时，总是不失时机地指一些文字给他看。比如在图书馆，我给他读“禁止喧哗”的牌子，告诉他这里是读书学习的场所，这个牌子告诉大家不要在这里大声说话，追逐打闹；逛森林公园时，我们一起读指示路牌，然后找到了想要看的动物；进入沃尔玛超市，我们先一起看购物导示牌，接着顺利地找到要购买的物品。天长日久，儿子养成了一种习惯，看到字就想读出来，读得越多，字就认得越多，表达能力及自主思维愈发精进了。有一次，我削苹果时不小心划破了手指，血立刻流了出来，小家伙立刻安慰我：“妈妈，不要紧，是毛细血管破裂了，血小板会帮你止血的。”我睁大眼睛，无法掩饰内心的惊讶。读书让孩子每天都在进步，我想，这便是我陪儿子读书得到的最好的回报。

故事分析

为正规书写做准备的“前书写”阶段需要积累的第二个核心经验是“感知理解文字结构”的经验。这一核心经验的预备和累积过程包含三个阶段：

第一，初始阶段。处于初始阶段的孩子，能意识到汉字是一块块的。虽然他们还不能用语言表达出自己理解的意思，但在画写活动中，他们会通过具体的形式来表达这种意识。例如，用方块表示汉字，并强调这是字不是画。此时，孩子的文字意识开始形成。对于这一阶段的孩子，父母可以帮助他感知汉字的方块字特点，并把文字与图片区分开来。

第二，稳定阶段。处于稳定阶段的孩子，能意识到汉字是一个字对应一个读音，并能根据读音来推测汉字的个体。在画写活动中，孩子会用方块代表不同读音的字，例如用两个方块表示两个不同读音的字。正如故事中孩子和妈妈共读《白雪公主与七个小矮人》时，“用手指着书本上的那行字，一字一字认真地接着往下读……”从孩子的这一表现，我们虽然无法确切地判断孩子是不是真的认得字，但可以肯定的是，在以往妈妈用“指读”的方式给孩子讲故事时，孩子把妈妈口中读的“音”和手指指的“字”联系在一起，作为整体进行感知，使语音和字形产生了一对一的关联。也许孩子这时更可能是在复述这个故事，点指汉字只是在模仿和语音相配合的动作。不过，能把朗读故事和点指汉字的动作协调起来，就已经说明孩子的文字意识已经有了极大的提升，进入了感知理解文字结构的稳定阶段。对于这一阶段的孩子，父母可以帮助他发现汉字“一字一音”的特点，并巩固这一认知。

第三，拓展阶段。处于拓展阶段的孩子所表现出来的文字意识相比之前有了很大的飞跃。他们开始关注汉字的局部构成，明白不是任何符号都可以构成汉字，知道汉字是紧密结合的方块形状，也知道汉字之间的间隔是汉字结构的一部分。故事中，“在后来的亲子阅读中，从我指着字一个一个字地读，改成他指我读。他指到哪儿，我读到哪儿”。这时孩子已经在关注并掌握汉字“从左到右”的排列特点及间隔，能感知和判断哪些部件构成了一个字，文字意识开始进入拓展阶段。对于这一阶段的孩子，父母可以帮助他感知、理解汉字的结构和形式。

这三个阶段的经验积累其实就是孩子获得并提升文字意识（包括文字功能、文字形式、文字规则、文字再认和文字结构等五个维度）的过程。

给爸爸妈妈的教育建议

文字意识形成的初始阶段对孩子进一步感知、理解汉字结构意义重大，它是整个“前书写”时期最基本的关于汉字形式结构的经验。相关研究表明，儿童必须在成人对他进行非正式识字教育的帮助之下，不断与文字进行自然的接触，从而获得与发展文字意识。因此，提高儿童文字意识首先要做的是引导儿童关注文字。

1. 借助生活环境丰富孩子对文字的感知经验 父母可以充分利用生活环境中的文字信息，借助口头语言引导孩子关注生活中出现的有具体意义的汉字，并与这些文字充分互动，了解文字的意义及不同的使用功能。例如故事中所提到的“在图书馆给孩子读‘禁止喧哗’的牌子，告诉他这里是读书学习的场所，这个牌子告诉大家不要在这里大声说话，追逐打闹”；逛公园时，“一起读指示路牌，然后找到了想要看的动物”；进入超市，“先一起看购物导示牌，接着顺利地找到要购买的物品”。长期以往，孩子就会慢慢形成关注汉字的习惯。

2. 通过阅读帮助孩子形成文字意识 陪伴孩子阅读已经成为很多父母的日常习惯，可是怎样的阅读形式才能有效地帮助孩子获得与提升文字意识呢？有研究显示，儿童在阅读中对文字的关注存在着阶段性的发展：3～4 岁的儿童主要关注画面而极少关注文字；4～5 岁的儿童开始关注文字，但却将文字看作画面的一部分；5～6 岁的儿童在文字再认的基础上能积极关注文字，并将文字意义与画面的关键信息匹配起来，形成对图画书的完整理解。因此，在孩子的不同年龄阶段，父母需要使用不同的方法帮助孩子形成文字意识。

对于 4 岁前的孩子，在亲子阅读中，父母可以有意识地引导孩子关注图画中的文字。由于 4 岁前的孩子在阅读时先关注的是图画，他只有在阅读图画、初步理解故事内容的基础上，才会积极地关注文字。因此，父母要先帮助孩子理解故事内容，可以通过提问的方式，引导孩子关注图画的内容。在孩子初步理解了图画中的故事信息后，父母可以用手指点读与画面相对应的文字，帮助孩子逐步意识到文字和画面之间的关联，知道文字所承载的正是他所理解的图画故事信息。不少孩子在和父母多次阅读同一内容后，能基本准确地“读”出书中的文字，虽然这只是凭机械记忆完成的“假装阅读”，但确实有效提升了孩子对文字的兴趣和关注。同时，在父母反复的点读过程中，孩子自然而然地习得了“一字一音、从左往右、从上至下”等文字表达和排列的规则。

孩子独立阅读能力发展的转折期一般出现在 5 岁以后。处于这一时期的孩子，在独立阅读中主动关注文字的积极性显著提高，在独立阅读过程中对文字也比较敏感。一些针对儿童图书阅读中眼动规律的研究发现了一些有趣的现象：5 岁儿童在图画书阅读过程中，往往首先关注图画，在理解图画内容的基础上开始关注文字，并试图通过文字的关注和阅读来验证自己对图画故事的理解。但是由于 5 岁时孩子的文字习得水平不高，认识的汉字较少，因此，他们会在注视文字（阅读）之后，又重新将关注点转换到图画信息上，进一步从图画中获取故事内容。也就是说，5 岁的孩子在阅读图画书时的眼动规律是“图画—文字—图画”。根据这一规律，父母在提供了充分的时间给孩子自行阅读之后，可以通过提问或者评论，引导孩子关注画面中那些和文字密切相关的内容，然后请孩子从文字中找到信息支持。例如：“图上的小猫们去干什么？”“你怎么知道它们不是去上学而是去旅游？”“队长是谁？在哪里？”孩子根据自己的阅读经验回答后，父母可以进一步通过追问来引导孩子关注画面中的文字。例如：“你是怎么知道的？”“你确认吗？”“你是靠什么确认的？”当孩子无法确定时，父母可以运用指读方式带领孩子一同阅读文字。最后，父母应当和孩子一同回到画面，在文字的引导下，欣赏画面的内容。

研究还发现，在 6 岁儿童独立阅读图画书的过程中，有文字注视的儿童往往在图画书阅读过程中迅速关注文字，他们先试图从文字的阅读过程中来获取故事内容，进而将阅读的注意力转移到图画信息上，并从图画中验证自己对文字的理解。也就是说，6 岁的儿童在阅读图画书时的眼动规律是“文字—图画—文字”。根据这一规律，父母需要引导孩子先从文字上获得信息，再通过画面进行验证。

总之，在孩子 5 岁前，文字意识形成的初始、稳定阶段的初期，父母需要关注与孩子共读的时间，在孩子 5 岁之后，还需要为孩子提供机会，让孩子按自己的需要和兴趣，独立阅读图书，有意识地把亲子共读慢慢转化为以孩子独立阅读为主的阅读共享活动，延续孩子对文字的探索，丰富他们有关文字功能的经验，并让孩子进一步获得阅读的乐趣。

自我反思

1. 你有和孩子一起阅读图书的习惯吗？你是用什么方法进行亲子阅读的？

2. 你是否了解不同年龄段孩子的阅读特点？

3. 在亲子阅读中，你使用了哪些方法来引导孩子？

循序渐进，水到渠成
——如何帮助孩子认识自己的名字

故事分享

女儿的名字笔画比较多，对幼儿来说要写好不是一件容易的事。她的姑姑曾经很担心地说：“她的名字笔画那么多，将来上小学，不知道她会不会写自己的名字。”

女儿上幼儿园之后，老师要求在书包、课本、园服、被子上都写上名字，以便辨认。于是，我坐在书桌前帮女儿写名字，还唤她过来看，告诉她：“这三个可爱的字就是你的名字，它们都很喜欢你，都认识你。你喜不喜欢它们？”为了使园服和被子上的名字不被水洗掉，我拿来针线，先让女儿挑选她喜欢的颜色的线，再一针一针地帮她绣出端端正正的名字。女儿在旁边看得津津有味。绣完后，我把被子叠整齐，指着被子上的名字告诉她，以后看到这个名字就知道被子是她的。看到上幼儿园有这么多新鲜的东西，女儿很开心，也很向往幼儿园的生活。

上中班的时候，女儿有好几次提出要我教她写名字，我都委婉地拒绝，并跟她说：“现在小手还没长大，力气不够，字写起来会不漂亮。等明年上大班，老师开始教笔画了，妈妈再教你。”有一次，女儿拿着黑线笔在报纸上胡乱地画，画着画着，又提出要我教她写名字，我还是没有答应。她看我没有教她的意思，就自己在报纸上画起来，还拉我去看，问我像不像。我看到她居然在报纸上歪歪斜斜地写出了“薛”字的草字头和左边的一半，感到很惊讶。我高兴地把女儿抱起来亲了一下，夸她真聪明。她很高兴，也很自豪。我叫她再写一遍给我看，她边画边想，终于把剩下的那部分给画了出来。虽然她没有按笔顺写，但我没有马上帮她纠正，也没有接着教她后面的部分怎么写，而是给她一个微笑。女儿笑得特别开心。

上大班了，我将女儿的名字写了一遍给她看，边写边说出笔画的名称。女儿说这些笔画她会写，于是拿起笔，看着我写的字，有模有样地也边念着笔画边写。三个字写好了，她上下对比了一下，不像，便觉得有点儿失望。我看在眼里，于是不动声色地表扬她写得不错。我对她说："你的'薛'字只是写得一边高一边低，把它写整齐就很漂亮了。另外两个字，左右两边要写在一起，离得太远就把一个字变成两个字了。"我故意把她的名字念成五个字，她乐得哈哈大笑。当她拿起笔重新写时，自然而然就注意到我念成五个字的样子。写着写着，她慢慢地会写自己的名字了。

故事分析

为正规书写做准备的"前书写"阶段需要积累的第二个核心经验是"感知理解文字结构"的经验。这一核心经验的预备和累积过程包含三个阶段：第一，初始阶段。处于初始阶段的孩子，能意识到汉字是一块块的。第二，稳定阶段。处于稳定阶段的孩子，能意识到汉字是一个字对应一个读音，并能根据读音来推测汉字的个体。第三，拓展阶段。处于拓展阶段的孩子表现出来的文字意识相比之前有了很大的飞跃，主要表现在对文字结构、形式和规则的敏感度大幅提升。

故事中的孩子在中班时，"在报纸上歪歪斜斜地写出了'薛'字的'艹'和左边的一半"，此时她已经开始关注汉字的局部构成。上大班后，孩子看着妈妈写的名字，"有模有样地也边念着笔画边写。三个字写好了，她上下对比了一下，不像，觉得有点失望"。这说明孩子已经开始关注汉字之间的间隔，并有意识地按照从阅读中习得的汉字书写结构习惯，如"字形的大小要一致"等来评价自己"写"的字，于是觉得"不像"，感到"失望"。在这一阶段的孩子，关注"文字规则""文字形式"和"文字结构"的意识明显提升，相应的，父母引导的策略和方法也应随之变化。

给爸爸妈妈的教育建议

汉字的结构和形式具有很强的视觉特点，父母可以通过日常生活环境中的观察和阅读图画书，引导孩子与大量的文字接触，获得汉字结构和形式上的直观视觉经验。故事中的妈妈在给孩子的幼儿园用品上写名字时，全程让孩子参与，引导孩子关注自己的名字，产生对名字的情感。以后每当接触到这些绣有名字的物品时，孩子就会留意到自己的名字，经过多次重复，孩子便能逐渐认出自己的名字，熟悉名字的结构和笔画。同时，孩子也会慢慢形成关注汉字的习惯，并且自然而然地习得一些简单的文字。

当孩子习得一定数量的汉字后，他们开始对书写行为感兴趣。但是，在孩子进入小学之前，不应进行正规的书写训练，例如在田字格里书写文字。这是因为，过早地进行正规的书写训练，违反了孩子的身心发展特点，其结果也许和父母的期望是相悖的：孩子可能会因为手部肌肉的疲劳感而对书写行为失去兴趣；由于手指肌肉的控制能力差，难以控制笔画的方向，因此写出的字形不端正，一旦定型，上小学后更正就很困难了。

自我反思

1. 你的孩子什么时候开始对拿笔“写字”感兴趣？当孩子表现出这种兴趣时，你是怎样处理的？

____

____

____

2. 有什么好办法既可以保护孩子的这种意愿，又可以顾及孩子手部小肌肉发育不完善，不能过早正规书写的情况？

____

____

____

“厦门”与“下门”
——如何支持孩子的“创意书写”行为

故事分享

很早我就了解到幼儿阶段的孩子并不适合练习书写文字，因为这个阶段的孩子小手肌肉发育不完善，手眼欠协调，运笔能力差，空间知觉差。过早写字除了会影响孩子小手的生长发育外，还会带来很多困扰，其中执笔姿势与笔顺的错误是最常见的，这会给以后上小学正式学写字埋下隐患。因此我从来不要求女儿学习写字。

然而，一件小事让我忽然意识到我该为女儿在幼儿阶段的“前书写”行为做些什么。

女儿已经快4岁半了。寒假末，孩子的爸爸特意休了几天年假，匆忙地安排了一次厦门游。在准备出行物品的时候，出现了以下一幕：

女儿看见我在忙着收拾行装，好奇地问：“妈妈，我们今天要去哪里？”

我随口说道：“厦门。”

女儿若有所思地说：“下门？我会写‘下门’这两个字。”

过了没多久，我发现女儿趴在地上，正在纸上画着什么，就问她：“宝贝，你在干什么？”

女儿得意地举起自己的“作品”给我看：“看，我写的‘下门’，旁边还有我画的装饰。”

看着女儿的作品，我感到很意外。因为据我所知，自从女儿幼儿园班上开设了写作区后，女儿就开始喜欢乱涂乱画，而“画字”也是她最近喜欢上的，特别感谢班上的老师给孩子创造了这么一个书写氛围，让孩子有可以随时取放的纸笔，满足了孩子自由涂画的需求，让她有了良好的书写意愿。

看着女儿兴高采烈地“写下”（确切地说是“画下“）我们将要去的地方，我想她一定特别满意自己的表现。可是我还是要让她明白一点：有些字读音一样，但字形不一样。

于是我拿来之前准备的出行资料给女儿看：“宝贝，这就是我们将要去的地方。”

女儿看到资料封面上的“厦门”两个字，恍然大悟：“哦，原来我写错了，是这个‘厦’。”通过最直观的对比和观察，女儿很快就发现原来自己写的“下”字有误。

我说：“是的，它们虽然读音相同，但字形却是不一样的，而且这两个字代表的意思也是完全不一样的。但你能尝试把它写出来，让妈妈很意外，很惊喜。”

故事分析

孩子们都喜欢画画写写。开始时，他们只是纯粹地“画”。但是当有一天，孩子告诉父母“我在写字”。这时，他就已经有了主动书写，通过书面形式表达自我的意愿。作为父母，我们不要去关注孩子的“字”“写”得是否正确或工整，也不要否定孩子“写字”的行为，例如说：“宝贝，这不是字，你学写字还早呢。”而是可以表现出浓厚的兴趣，和孩子一起交流：“宝贝，你写的是什么字？你想说什么？”当然，这时候孩子的书写行为离正规书写还相差很远，只能称之为“画写”或“创意书写”。

什么是“创意书写”？儿童在成人的启发和引导下，通过图画、符号和类似文字等形式学习“前书写”，积累早期书写经验，这种“前书写”方式被称为“创意书写”。而运用“创意书写”的方式表达自己的想法，达到交流的目的，就是“创意书写表达”。

为正规书写做准备的“前书写”阶段需要积累的第三个核心经验就是“学习创意书写表达”的经验。“创意书写表达”的经验对于孩子来说非常重要，几乎可以把它理解为是促进并维持儿童“前书写”行为的动力来源。“创意书写”行为的发生，一开始可能是因为孩子喜欢模仿成人的行为，但随着他们能区分文字和图画，就将书写看作一种沟通和交流的手段，了解到人们可以在纸上写字以传递信息，于是尝试使用自己的方法“书写”。故事中的孩子在听到妈妈说去厦门旅行后，马上“写”下“下门”两字，就是为了让妈妈知道自己会“写字”，能把妈妈说的记下来，让妈妈感到喜悦。这种情绪交流的需要催生了孩子的“书写”行为。“创意书写表达”经验让孩子感受到“书写”可以帮助他们表达、沟通和交流，当用语言说不清楚，或者想让别人记住自己所说的内容时，都可以“写”下来。

可见，沟通与表达的意愿是促进孩子“前书写”能力发展的关键因素。只有在孩子愿意表达，同时又有内容可以表达的情况下，他们才会调动起自身已有的与书面表达有关的记忆和经验，努力尝试用自己可以实现的方式，把自己想表达的“写”出来。

“创意书写表达”经验的积累过程包含三个阶段：

第一，初始阶段。孩子模仿成人的书写，借助图画来表达想法。这一阶段孩子“书写”行为的出现，首先是模仿成人的行为，因此，让孩子观察到父母的书写行为并感受到书写行为与交流的关系很重要，可以帮助孩子产生书写行为的内在需要。其次，这一阶段孩子“书写”的方式受自身经验的影响，只能借助图画来进行书面表达，“画写”特征非常明显。

第二，稳定阶段。孩子用图画、符号、文字等多种形式，富有创意地表达比较复杂的意思。有一个5岁的孩子，想把自己新学习的古诗《登鹳雀楼》朗诵给妈妈听，请妈妈记录下来。当时妈妈正在厨房做饭，没时间理会孩子。孩子一着急，就直接用家里的白板把自己朗读的诗歌给

“写”下来了（如右图所示）。从孩子“写”下的画面上，我们可以发现很多早期阅读留给孩子的宝贵经验。比如，孩子的这种自发性“书写”已经执行了从左到右、从上到下、分行书写、字与字有一定间隔等书写的格式要求。这些规范要求，并不是家长曾经刻意向他说明的，而是孩子在阅读过程中自然习得的。同时，从画面中我们还可以看到孩子在阅读中习得的汉字形象：白、日、山、黄。这些字形，孩子记得，于是能大概画出来；而不懂的字，孩子则创造了自己独特的表达方式，比如“依山尽”的“依”，用“一”这一同音字来表示，“尽”用两个靠近的小人表示……从孩子这些有趣的画写作品中，我们可以发现，孩子的世界远比我们想象的丰富。

经过初始阶段的经验积累，孩子对书面表达的需求会增加，他们也会逐渐形成一种“画写”的习惯。这一阶段的进步在于他们能使用更为简化的图画与符号来指代一定的意思，通过画出某个字的意思、某个字的读音或者借用简单、相似的文字表达意思。因为使用的图画、符号、文字简化了，“画写”的过程变得更容易、更流畅，孩子愿意用书面方式表达的内容就更为复杂。

第三，拓展阶段。随着孩子阅读的经验不断丰富，对汉字的习得与再认也在不断提升，于是就出现利用汉字同音、形似等特点进行“创意书写”的现象。这样的“创意书写”策略，让孩子在进行书面表达的时候更加得心应手，同时也能够表达更复杂的内容。

给爸爸妈妈的教育建议

“创意书写表达”的经验如此重要，父母可以怎样帮助孩子获得并提升这种经验呢？

1. 引导孩子关注生活中的常见标志 父母可以通过亲子阅读、日常生活中的观察与分享，引导孩子关注各种常见的标志以及运用，让孩子明白可以通过“画写”简单的形象来表达一定的意思。例如，在亲子共读绘本《兔子先生去散步》时，父母可以先提出问题，引导孩子根据自己的经验猜测画面中标志的意思，然后和孩子一起阅读，验证他的猜测是否正确，并讨论这些标志是怎样表达信息的。在阅读过后，父母可以和孩子一起寻找生活中的各种常见的、比较具体形象的标志，引导孩子分析这些常见标志的表达方式，帮助孩子慢慢领悟可以通过简单的图像符号表达一定的意思；甚至可以和孩子一起设计家居生活环境中的警示、说明、提醒标志，让孩子亲身感受通过“画写”符号表达想法的乐趣。

2. 与孩子一起做计划 生活中可以计划的事情有很多，父母可以引导孩子为他们感兴趣的事情做计划，并准备一本属于孩子的小本子，让孩子以书面的方式记录下自己的想法和计划。例如，“明天要去书店，自己想买哪些书？”“明天要去好朋友家玩，想要和好朋友一起做什么？”或者在全家一起前往某处游玩前，告诉孩子将要去的地点，和孩子一起通过地图、旅游点说明、网上查询等方式了解目的地的具体情况和游玩项目，让孩子根据自己的兴趣确定自己的游玩顺序，并记录下来。游玩过程就按记录的计划行动。经常和孩子一起规划活动，除了能提升孩子“创意书写表达”的经验外，还能提升孩子活动的计划性和自主性。

3. 与孩子一起记录生活的点滴 父母可以引导孩子运用“创意书写”的方式，记录生活的点滴，表达自己的情感和想法。

第一，写备忘。家庭生活中需要备忘录或者便签，以便提醒我们可能遗忘的事，或者非常重要的事。父母需要准备便签纸、笔以及贴放备忘录的地方，比如冰箱门、一块白板。为了帮助孩子形成写备忘的习惯，开始时，父母可以做示范，帮助孩子记下备忘的事情，再过渡到和孩子一起讨论备忘事宜，请孩子帮忙记录和提醒。孩子形成写备忘的习惯，除了可以培养对书面表达的兴趣外，还可以增强责任感。

第二，写卡片。逢年过节，写写卡片，表达心意，是孩子在学习社会交往技巧时不可缺少的。父母可以利用孩子们熟悉的节日，和孩子一起用创意书写的方式写卡片。例如，教师节，和孩子一起设计制作感谢卡片，让孩子用自己的方式写上想对老师说的话。这既能让孩子学习表达情感，又可增强亲子关系。

4. 结合阅读，鼓励孩子进行阅读后的“创意书写” 当孩子进入“创意书写表达”的拓展阶段时，父母就可以结合孩子阅读的内容，引导孩子进行更高层次的“创意书写”体验，如“创意想象”“创意编构”“创意交流”等。当孩子阅读完一本图画书后，父母可以和孩子一同谈论书中好玩的情节，并请孩子把自己最喜欢的部分以“画写”的方式记录下来；也可以在阅读后，根据图画书中的情节进行续编，编构新的情节，以书面形式展示出来。当然，对于这时候的“创意书写”，父母可以提出更高的要求，例如：有什么办法可以让你“写”出来的内容别人一看就明白？以此不断激发孩子学习文字及其书写的意愿。

自我反思

1. 你是否发现有时孩子画写和画图画是不同的?

____

____

____

2. 为什么有的时候孩子画写完以后，一定要让你看，和你说说他画的是什么?

____

____

____

3. 在孩子画写的作品中，你是否曾有一些有趣的发现?

____

____

____

4. 你有什么方法可以提高孩子画画写写的兴趣?

____

____

____